Inhalt

Nun bin ich in der 2. Klasse
2 Wieder in der Schule
4 In der Turnhalle
5 Lesespaß
6 Leseprofi I
7 Leseprofi II

In der Schule
8 Zirkus-Schule · *nach Ute Andresen*
9 Uch bun dur Frunz · *Christine Nöstlinger*
10 Tagesplan der Klasse 2a
11 Hexe Lillis Zaubertrick · *KNISTER*

Im Herbst
12 Vogelabschied · *Bruno Horst Bull*
13 Ach Storch – Kleines Früherbstlied · *Fred Rodrian*
14 Großer Laternenumzug
15 Schnupfenzeit für Hunde

Miteinander leben
16 Der Lehnstuhl · *Erwin Moser*
17 Mein kleiner Bruder · *Christine Nöstlinger*
18 Wir spielen ganze Tage lang · *Astrid Lindgren*
19 Alltagsmutter – Sonntagsvater · *Cornelia Nitsch*

Märchenzeit
20 Hänsel und Gretel
21 Rotkäppchen · *Manfred Mai*
22 Die große Rübe · *Russisches Volksmärchen*
23 Märchenrätsel: Wer bin ich?

Im Winter
24 Der Schneemann auf der Straße · *Robert Reinick*
25 Nikolausgedichte · *Elke Bräunling, Volksgut*
26 Die schönsten Gedichte zum Winter
27 Die Weihnachtsgeschichte

Das tut mir gut
28 Ich freue mich · *Lutz Rathenow*
29 Irenes Geburtstag · *Karin Gündisch*

30 Sandkastenfreunde · *Verena Hoenig*
31 Im Park · *Aygen-Sibel Çelik*

Im Frühling
32 Der Storch · *Heinrich Hoffmann von Fallersleben*
33 Die Tulpe · *Josef Guggenmos*
34 Ostergedichte · *Hoffmann von Fallersleben, Bydlinski, Bräunling*
35 Gesunde Frühlingsrezepte

Mit Tieren leben
36 Die Hauskatze
37 Inga · *Arnold Grömminger*
38 Rund um Tiere
39 Für Tiere sorgen

Bei uns und anderswo
40 Ein Kapitel aus dem Lesebuch
41 Leopard – chui
42 Rezepte auf www.schule-und-familie.de
43 Feuer auf dem Berg – ein Spiel aus Tansania

In der Bibliothek
44 Das allerbeste Buch · *Lauren Child*
45 Tim entdeckt Finn McCool · *Eoin Colfer*
46 Was steht in welchem Regal?
47 Kleiner Test für Bibliotheks-Experten

Unheimliches und Spannendes
48 Kleiner Test für Buch-Experten
49 Die große Bücherschau
50 Ein Buch vorstellen
51 Meine Lieblingsstelle zum Vorlesen

Im Sommer
52 Beerenzählen · *F. W. Bernstein*
53 Wasserscheu/Schwimmunterricht · *Cordula Tollmien*

54 Impressum/Quellen
55 Selbstkontrolle: Alles richtig?

Nun bin ich in der 2. Klasse

Wieder in der Schule

1 Verbinde zwei Silben zu einem Wort.

der	die	der	das
Bit	Lam	Fla	Schreib
Bel — stift	Schu le	Flei ler	Schuh heft
Blei	Su	Fül	Schrei

2 Was ist in der Schultasche? Kreuze an.

□ Li ne al   □ Lu ne al   □ Li nu al

□ Le se bach   □ Le su buch   □ Le se buch

□ Ta schin tach □ Ta schen tuch □ Te schen tuch

□ An spit zur   □ An spot zer   □ An spit zer

3 Setze Silbenbögen unter die Wörter.

Sekretärin   Lehrer   Schüler   Hausmeister

Pausenhof   Turnhalle Schule   Sportplatz

4 Markiere die Wörter mit Sch und mit sch.

Sahne	Sahne	Sahne
Sahne	Sahne	Sahne
Sahne	Sahne	Sahne
Sahne	Sahne	Schule
Sahne	Sahne	Sahne
Sahne	Sahne	Sahne

Tasse	Tasse	Tasse
Tasse	Tasse	Tasse
Tasse	Tasse	Tasse
Tasche	Tasse	Tasse
Tasse	Tasse	Tasse
Tasse	Tasse	Tasse

Übungen zur Segmentierung

5 Das kannst du in der Schule tun. Schreibe die Wörter auf.

~~bas-~~	rech-	schrei-	le-	tur-	zeich-
-ben	-nen	-sen	-nen	~~-teln~~	-nen

basteln

6 Streiche die Silbe durch, die nicht in das Wort gehört. Schreibe das Wort richtig auf.

Le se bau buch

Mu kuh sik un ter richt

Sport ta tür sche

Zei bein chen block

Klas sen berg zim mer

Ar beits hof heft

7 Lies immer schneller.

Sport	Klassen	Haus
Sport taschen	Klassen raum	Haus aufgaben
Sport taschen verschluss	Klassen raum tür	Haus aufgaben _____

Übungen zur Segmentierung

In der Turnhalle

1 Welche Geräte siehst du? Ergänze die Wörter.

Matte   Ringe   Kasten   Bank

2 Wie heißen die Bälle? Ergänze die fehlenden Anfangsbuchstaben.

__ederball   __ischtennisball   __andball

__ennisball   __asketball   __ußball

3 Betrachte zuerst das Bild.
Schreibe danach die passenden Wörter in die Lücken.

Eine schwere Turnübung

Turnschuhe   fallen   Bank
Kopf   Partnerkind

Drehe zusammen

mit einem ▸_____

eine Bank um.

Ziehe deine ▸_____ aus.

Lege dir einen Turnschuh auf den ▸_____.

Gehe über die ▸_____.

Der Turnschuh

darf dir nicht vom Kopf ▸_____.

Übungen zum Aufbau der Sinnerwartung

Lesespaß

1 Schreibe die Reimwörter an die richtige Stelle.

Der letzte Buchstabe

Das Z gehört zum Alphabet,

auch wenn es ganz am Ende ▸_____.

Am Ende steht es auch bei Herz,   suchen

bei Holz, bei Pilz, bei Netz, bei ▸_____.   versteckt

                                                    vorn

Doch manchmal, wie bei Zwerg und Zorn,   Schmerz

da steht das Z im Wort ganz ▸_____.   Tatzen

Im Zahnweh oder Zwiebelkuchen   steht

muss man das Z nicht lange ▸_____.

Dagegen wird es kaum entdeckt,

wenn es sich gut im Wort ▸_____.

So bei den fünfzehn schwarzen Katzen

und ihren sechzig schwarzen ▸_____.

Paul Maar

Übungen zum Aufbau der Sinnerwartung

5

Leseprofi 1

1 Was ist auf den Bildern zu sehen? Markiere die richtigen Wörter.

der Kleber   das Tuch   die Scheibe
die Kreide   der Fluch   die Schere
der Krokus   das Buch   die Schleife

2 Finde die gleichen Sätze. Verbinde.

Tina und Toni lesen.	Tina und Nina lernen.
Tina und Nina lernen.	Tobi und Tino lesen.
Tim und Tom lesen.	Tina und Toni lachen.
Tobi und Tino lesen.	Tim und Tom lesen.
Tina und Toni lachen.	Tina und Toni lesen.
Tobi und Tino essen.	Tobi und Tino essen.

3 Welches Wort passt? Markiere und setze ein.

Lukas ▸ _____ in das Heft.   schreit   schreibt   schweigt

Max ▸ _____ eine Aufgabe.   redet   regnet   rechnet

Romi ▸ _____ ein Buch.   liest   liegt   lebt

Batol ▸ _____ ein Lied.   springt   sieht   singt

Antonia ▸ _____ ein Gedicht.   lärmt   legt   lernt

Leseprofi II

  Lies die Sätze. Male richtig aus. Schreibe die Namen der Kinder auf.

1   Das Kind rechts hat eine grüne Hose.
2   Das Kind in der Mitte hat eine blaue Hose.
3   Das Kind links hat eine rote Hose.
4   Das linke Kind hat einen blauen Pullover.
5   Das mittlere Kind hat einen gelben Pullover.
6   Das rechte Kind hat einen roten Pullover.
7   Das mittlere Kind heißt Sandro.
8   Das Kind mit der grünen Hose heißt Milena.
9   Wo steht Ben?   links   rechts   in der Mitte

2 Verbinde die passenden Satzteile.

Auf dem Schulweg	sieht man im Verkehr am besten.
Helle Kleidung	geht man nur bei Grün.
Über die Ampelkreuzung	zu gefährlich auf dem Schulweg.
Fangen spielen ist viel	muss man gut aufpassen.

Übungen zum Überprüfen der Sinnerwartung

In der Schule

Zirkus-Schule

Rings um das Zirkus-Zelt stehen Wolken/Wagen.
In einem der Wagen
sitzen jeden Morgen/Abend zehn Kinder,
Zirkus-Kinder.
5 Sie schwitzen/sitzen in der Zirkus-Schule.
Was lernen sie dort?
Seiltanzen?
Messerwerfen?
Zaubertricks?
10 Nein!
Sie lernen/legen,
was alle Kinder in der Schule lernen:
Scheiben/Schreiben,
Lesen/Losen,
15 Raten/Rechnen.
Aber nach der Schule,
da üben/schlafen sie Kunststücke,
z.B. Zebra-Tanz zu dritt.

nach Ute Andresen

1 In acht Zeilen ist ein Wort zu viel. Setze einen Punkt vor diese Zeilen. Streiche immer das falsche Wort.

2 In welcher Zeile stehen die folgenden Wörter?

Zeile   Zeile   Zeile

Messerwerfen _____   Zebra-Tanz _____   Zirkus-Kinder _____

3 Das Wort **Zirkus** steht in der Überschrift und zweimal im Text.
Stimmt das?   ▢ Das stimmt.   ▢ Das stimmt nicht.

Das Wort **Zirkus** steht in der Überschrift und in den Zeilen _____.

Uch bun dur Frunz

*Franz geht in die zweite Klasse. Er möchte eine Geheimsprache erfinden.
Die Mama vom Franz hat eine Idee …*

Die Mama fragte: „Wie wäre es mit der U-Sprache?"
Man müsse bloß jedes A und jedes E und jedes I
5 und jedes O zu einem U machen!
Sie deutete auf Papa und sagte: „Dus ust dur Pupu!"
Der Franz hatte kapiert und rief: „Und uch bun dur Frunz!"
„Exakt!", sagte die Mama. „Uxukt!", verbesserte der Franz.
Bis zum Schlafengehen trainierte der Franz begeistert
10 die U-Sprache.
Er bat die Mama um ein Stück „Schukuludu",
er suchte sein „Ruchunhuft",
er putzte sich die „Zuhnu" und er wusch sich den „Huls".
Und als er endlich im Bett lag, rief er: „Gutu Nucht!"

Christine Nöstlinger

> Dus ust dur Pupu!

1 Lies die Zeilen 4 und 5 genau. Wie viele Buchstaben werden in der U-Sprache ersetzt? ☐ Buchstaben

2 In welcher Zeile stehen die folgenden Wörter? Was bedeuten sie?

Wort in U-Sprache	Zeile	Wort in normaler Sprache
Pupu	_____	
uxukt	_____	
Ruchunhuft	_____	
Nucht	_____	

3 Franz möchte von seiner Mama einen Schokobonbon bekommen.
☐ Das stimmt. ☐ Das stimmt nicht.
In Zeile ▸_____ steht ▸_____.

○ Texte genau lesen – **Erweiterung** LF S.17

Tagesplan der Klasse 2a

1 Was bedeuten die Bilder? Schreibe es auf.

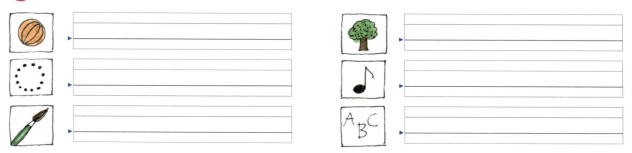

2 Welches Bild bedeutet **Frühstück**? Rahme es ein.

3 Was bedeuten die Abkürzungen? Markiere.

S.   Seife   Seide   Seite

Nr.   Name   Nummer   Note

4 Jedes Kind setzt am Ende des Tages einen Magneten. Was bedeutet der Magnet?

☐ Diese Aufgabe war schwer.

☐ Diese Aufgabe war langweilig.

☐ Diese Aufgabe war toll.

○ bei Verständnisschwierigkeiten Verstehenshilfen anwenden: nachfragen, Wörter nachschlagen, Text zerlegen – **Basis**

Hexe Lillis Zaubertrick

Lilli hat ein ganz besonderes Buch. Ein Hexenbuch!
Ob ihr das Hexenbuch beim Rechnen helfen kann?

Das Wort Rechnen beginnt mit dem Buchstaben R.
Also sucht Lilli
5 unter dem Buchstaben R.
In der ersten Zeile mit R steht:
„Raben reden respektlos!
Rat: Regelmäßig rupfen."

Sechs Zeilen weiter
10 findet Lilli die Worte
„Rechne restlos richtig."
Dahinter steht
die Seitenzahl *1842*.
Oje, so eine große Zahl
15 kann Lilli noch gar nicht lesen.

KNISTER

1 Was bedeuten diese Wörter? Verbinde.

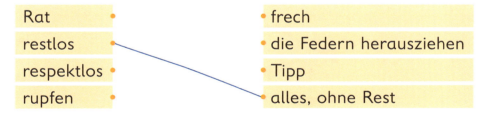

Rat • • frech
restlos • • die Federn herausziehen
respektlos • • Tipp
rupfen • • alles, ohne Rest

2 Was bedeuten diese Wörter? Frage nach.
Schreibe die Erklärung auf.

Raben ▸ _____

regelmäßig ▸ _____

○ bei Verständnisschwierigkeiten Verstehenshilfen anwenden: nachfragen,
Wörter nachschlagen, Text zerlegen – **Erweiterung**

LF S.25

11

Im Herbst

Vogelabschied

1. Kind

Name: ▸

2. Kind

Name: ▸

3. Kind

Name: ▸

Alle drei Kinder

> Es kommt die Zeit, |
> es kommt die Zeit, |
> wir ordnen uns zu Zügen. ||

> Wir müssen weit, |
> wir müssen weit |
> und fliegen, fliegen, fliegen. ||

> Es fällt so schwer,
> es fällt so schwer
> zu scheiden, liebe Kinder.

> Wir fürchten sehr,
> wir fürchten sehr
> den Winter, Winter, Winter.

Bruno Horst Bull

1 Lies das Gedicht leise.

2 Setze Pausenzeichen.

3 Suche dir zwei Partnerkinder,
mit denen du das Gedicht vortragen möchtest.

4 Einigt euch, wer welche Zeilen spricht. Tragt eure Namen ein.

5 Übt nun, das Gedicht gemeinsam laut vorzutragen.

selbst gewählte Texte zum Vorlesen vorbereiten und sinngestaltend vorlesen – **Basis**   **LF** S. 31

Ach Storch – Kleines Frühherbstlied

Ach Storch, du fliegst nach Afrika, |
weit über Flüsse und Hügel.
Ich bleibe hier, es wachsen mir
leider keine Flügel. ||

Ach Storch, nimm meine Grüße mit!
Grüße auch die Elefanten!
Ich mag sie sehr, sie sind so schwer
wie tausend dicke Tanten.

Fred Rodrian

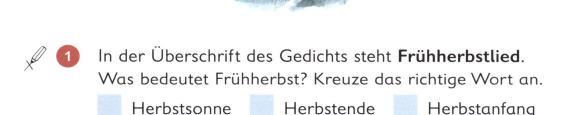

1 In der Überschrift des Gedichts steht **Frühherbstlied**.
Was bedeutet Frühherbst? Kreuze das richtige Wort an.

☐ Herbstsonne   ☐ Herbstende   ☐ Herbstanfang

2 Setze Silbenbögen unter schwierige Wörter.

3 Wie möchtest du die erste Zeile der ersten und zweiten Strophe vortragen: traurig, fröhlich, streng oder klagend? Begründe.

Ich möchte diese Zeilen ▸ _____ vortragen, weil ▸ _____

▸ _____ .

4 Setze Pausenzeichen.

5 Lies das Gedicht laut, bis du es gut kannst.

6 Trage das Gedicht einem Partnerkind vor. Dein Partnerkind sagt dir, was du schon gut machst und was du noch verbessern kannst.

Großer Laternenumzug

in Grünberg
11. November

Wann und wo?
Um 17 Uhr treffen sich alle Kinder vor der Grundschule Grünberg. Von dort ziehen wir mit unseren Laternen zur Martinskirche und singen unsere Laternenlieder.

Essen und Getränke
- Kinderpunsch
- Früchtetee
- Brezeln
- Bratwürste

Bitte warm anziehen!!!

Das Kind mit der schönsten selbst gebastelten Laterne bekommt einen Preis!!!

1 An welchem Tag findet der Laternenumzug statt?

am

2 Wo startet der Laternenumzug? Kreuze an.
☐ vor der Martinskirche   ☐ vor der Grundschule   ☐ vor dem Rathaus

3 Wann treffen sich die Kinder? Kreuze an.
☐ um 7 Uhr   ☐ um 18 Uhr   ☐ um 17 Uhr

4 Was gibt es zu essen und zu trinken?
Kreuze alle richtigen Antworten an.
☐ Kuchen   ☐ Kinderpunsch   ☐ Brezeln
☐ Limonade   ☐ Bratwürste   ☐ Früchtetee

5 Wie sollen die Kinder beim Laternenumzug angezogen sein?
Zeichne dich in der passenden Kleidung.

geziehlt einzelne Informationen suchen – **Basis**

Schnupfenzeit für Hunde

1 So bekommen Hunde Schnupfen
Wenn es draußen wieder kälter wird, erkälten wir uns manchmal.
Das ist aber nicht nur bei Menschen so.
Auch unsere vierbeinigen Freunde, die Hunde, können sich
5 bei diesem Wetter schon mal einen Schnupfen holen.
Manchmal haben sie sich sogar bei uns Menschen angesteckt!

2 Krankheitszeichen
Ein erkälteter Hund hat oft keinen Appetit. Er ist müde und matt.
Seine Nase läuft. Er muss häufig niesen.
10 Manchmal reibt er mit der Pfote an seiner Nase.

3 Behandlung
Wenn der Hund kein Fieber hat, dann wird der Schnupfen
nach wenigen Tagen von selbst wieder aufhören.
Ab und zu sollte man dem Hund aber seine Nase abwischen.
15 Sollte er außer Schnupfen auch Fieber haben,
dann ist es notwendig, mit ihm zu einem Tierarzt zu gehen.

1 Suche die Wörter
unsere vierbeinigen Freunde.
Welche Tiere sind hier gemeint?
Male das richtige Tier aus.

2 Was muss man tun, wenn ein Hund außer Schnupfen auch Fieber hat?
Markiere die Antwort im Text.

3 Woran erkennt man einen Hund mit Schnupfen?
Die Antworten stehen wahrscheinlich in Abschnitt ☐.
Kreuze alle richtigen Antworten an.

☐ Der Hund hat keinen Appetit.   ☐ Er reibt sich mit seiner Pfote
                                    immer über die Ohren.
☐ Er muss nicht niesen.
☐ Seine Nase läuft.   ☐ Er ist müde und matt.
☐ Er bellt ständig.   ☐ Der Hund hustet.

Miteinander leben

Der Lehnstuhl

Großvater ist gestorben.
Vor Jahren schon.
Sein Lehnstuhl steht auf dem Dachboden
mitten unter anderem Gerümpel.
5 In diesem Stuhl saß er immer und rauchte seine Pfeife.
Manchmal lag die Katze auf seinem Schoß und schlief.
Es war sehr gemütlich bei Großvater.
Inzwischen ist auch die Katze alt geworden.
In letzter Zeit geht sie immer auf den Dachboden
10 und schläft lange in Großvaters Lehnstuhl.

Erwin Moser

1 Was stimmt? Was stimmt nicht? Kreuze an.

		stimmt	stimmt nicht
Großvater ist vor Kurzem gestorben.	Lies in Zeile 2 nach.		
Der Lehnstuhl steht im Keller.	Lies in Zeile 3 nach.		
Opa rauchte Zigarren.	Lies in Zeile 5 nach.		
Die Katze geht auf den Dachboden.	Lies in Zeile 9 nach.		

2 Markiere die richtige Antwort im Text. Kreuze an.

Wo lag die Katze manchmal?
☐ auf einer Decke
☐ auf dem Fensterbrett
☐ auf Großvaters Schoß

Wie war es bei Großvater?
☐ ungemütlich
☐ gemütlich
☐ lustig

3 In welcher Zeile steht, dass die Katze
in letzter Zeit auf den Dachboden geht?   Zeile _____

In welcher Zeile steht,
wer gestorben ist?   Zeile _____

Aussagen mit Textstellen belegen – **Basis**   LF S.53

Mein kleiner Bruder

Ob ich meinen kleinen Bruder lieb habe,
fragen mich die Leute.
Also, wirklich nicht!
Wenigstens nicht heute!
5 Heute hat er mich in die Hand gebissen
und mich an den Haaren gerissen
und mir den Hals blutig gekratzt
und meine Zeichnung mit Rotz verpatzt.
Und jetzt brüllt er mir die Ohren taub,
10 nur weil ich ihm nicht glaub,
dass es grüne Monster gibt.
Also, ehrlich, dass man so wen liebt,
ist von niemandem zu erwarten.
Aber demnächst kommt er in den Kindergarten,
15 und daheim ist es dann am Nachmittag
wieder friedlich und still.
Könnt sein, dass ich meinen kleinen Bruder
dann wieder lieb haben will.

Christine Nöstlinger

1 Lies im blauen Abschnitt. Kreuze an.

	stimmt	stimmt nicht
Mein Bruder hat mich an den Haaren gerissen.		
Mein Bruder hat meine Zeichnung zerrissen.		

2 Wenn der kleine Bruder in den Kindergarten kommt, ist es zu Hause wieder still.
Stimmt das? Markiere die Textstelle.

3 In welcher Zeile steht,
dass der Bruder brüllt? Zeile _____

In welcher Zeile steht, dass der Bruder
demnächst in den Kindergarten kommt? Zeile _____

Aussagen mit Textstellen belegen – **Erweiterung**   LF S.58   17

Wir spielen ganze Tage lang

Jonas und ich*, wir spielen und wir spielen und wir spielen, ganze Tage lang. Ja, Lotta darf auch mitspielen, wenn wir etwas spielen, wobei sie mitmachen kann. Aber manchmal, da spielen wir
5 Seeräuber und dann ist Lotta uns nur im Weg. Sie fällt nämlich bloß vom Tisch runter, den wir als Schiff nehmen. Aber sie schreit und will trotzdem mitspielen. Neulich, als wir Seeräuber spielten und Lotta uns nicht in Ruhe ließ,
10 da sagte Jonas: „Weißt du, was man tut, wenn man Seeräuber spielt, Lotta?"
„Man steht auf dem Tisch und hopst und ist Seeräuber", sagte Lotta.
„Ja, aber es gibt noch eine andere Art und
15 die ist viel besser", sagte Jonas. „Man liegt unterm Bett auf dem Fußboden ganz, ganz still."

Astrid Lindgren   *Mia-Maria

1 Was denkt und fühlt **Lotta** wohl, wenn sie nicht mitspielen darf? Setze ein passendes Wort ein.

glücklich   wütend   zufrieden   enttäuscht   gelangweilt

Ich bin ▸ _____ , weil ich nicht mitspielen darf.

2 Was denkt und fühlt **Mia-Maria** wohl, wenn Lotta mitspielen will? Kreuze an. Du kannst auch mehrere Kreuze machen.

☐ Ich bin überrascht, wie gut Lotta schon mitspielen kann.

☐ Ich bin glücklich, weil das Spiel zu dritt mehr Spaß macht.

☐ Ich bin genervt, weil Lotta immer bloß vom Tisch fällt.

☐ Ich bin traurig, weil ▸ _____ .

3 Vergleiche mit einem Partnerkind.

Alltagsmutter – Sonntagsvater

„Ich muss mit euch reden", sagt der Vater.
„Kommt, wir setzen uns da auf die Bank!"
Und dann erzählt er seinen Kindern, wie traurig er sei und
wie schwer es ihm gefallen sei, sich von ihnen und ihrer Mutter zu trennen.
5 Er erklärt noch einmal, warum es keine andere Möglichkeit gäbe
als diese Trennung, und sagt ihnen, wie lieb er sie habe
und wie schrecklich es sei, sie nur noch so selten zu sehen.
Die drei trösten sich gegenseitig.
„Wir müssen uns alle erst langsam
10 an diesen neuen Zustand gewöhnen",
sagt der Vater. Und Moritz meint:
„Beim nächsten Mal bringe ich
ein paar von meinen Spielsachen mit.
Und abends können wir ja
15 Mühle spielen!"

Cornelia Nitsch

1 Wie fühlt sich der Vater? Kreuze an und begründe.
Der Vater fühlt sich

☐ einsam, ☐ erleichtert, ☐ wütend,
☐ glücklich, ☐ traurig, ☐ fröhlich,

weil ▸ _____

▸ _____ .

2 Was denkt und fühlt Moritz?

Märchenzeit

Hänsel und Gretel

Hänsel, _____

1. Was könnten die Figuren auf dem Bild sagen oder denken? Schreibe es in die Blasen.

2. Stell dir vor, du bist
   ☐ Hänsel.   ☐ Gretel.

   Was würdest du sagen?

   Ich sehe ▸ _____ .

   Ich höre ▸ _____ .

   Ich fühle ▸ _____ .

   Ich rieche ▸ _____ .

Rotkäppchen

Rotkäppchen nahm den Korb
mit Kaffee und Kuchen
und machte sich auf den Weg.
Als es ein ganzes Stück
5 gegangen war,
kam plötzlich der Wolf.
„Wohin gehst du?", fragte er.
„Zu meiner Großmutter",
antwortete Rotkäppchen.
10 „Wo wohnt deine
Großmutter?"
Rotkäppchen überlegte
nicht lange und sagte:
„Du musst bis zur großen
15 Eiche laufen.
Dann siehst du rechts ein
kleines Haus am Waldrand.
Da wohnt sie, meine
Großmutter."
20 Der Wolf lief schnell davon.
Rotkäppchen aber ging
singend in die andere
Richtung, denn in dem
kleinen Haus am Waldrand
25 wohnte in Wirklichkeit
der Jäger.

Manfred Mai

Rotkäppchen überlegt: _____ .

Der Wolf denkt: _____ .

Hier wohnt der Jäger:

 1 Was denken die Figuren wohl?
Schreibe es in die Denkblasen.

 2 Wo wohnt der Jäger?
Was erfährst du im Text darüber?
Male den Ort.

Die große Rübe

Der Großvater hat ein Rübchen gesteckt.
Das Rübchen wuchs und wurde riesengroß.
Der Großvater geht, die Rübe zu ziehen.
Er zieht und zieht –
5 er kann sie nicht herausziehen.
Der Großvater ruft die Großmutter.
Großmutter fasst den Großvater,
Großvater fasst die Rübe.
Sie ziehen und ziehen –
10 sie können sie nicht herausziehen.

Dann werden noch das Enkelchen, das Hündchen und das Kätzchen zu Hilfe gerufen.

Sie ziehen und ziehen –
sie können sie nicht herausziehen.

15 Das Kätzchen ruft das Mäuschen.
Das Mäuschen fasst das Kätzchen,
das Kätzchen fasst das Hündchen,
das Hündchen fasst das Enkelchen,
das Enkelchen fasst die Großmutter,
20 die Großmutter fasst den Großvater,
der Großvater fasst die Rübe.
Sie ziehen und ziehen –
und heraus ist die Rübe.

Russisches Volksmärchen

1 Welche Figuren spielen mit? Markiere jeden Namen einmal.

 2 Male das Bild zu den Zeilen 16–23 fertig.

Märchenrätsel: Wer bin ich?

Ich tanze gern am Feuer.
Niemand soll meinen Namen wissen.   1
Ich möchte das Kind der Königin haben.

Ich bin ein neugieriges Mädchen.
Im Schlossturm habe ich eine alte Frau   2
mit einem Spinnrad entdeckt.
Dort bin ich eingeschlafen.

Ich habe viel zu tun.
Am liebsten schüttele ich die Betten auf.   3
Dann schneit es auf der Erde.

Ich liebe Pflaumenmus.
Ich habe mit einem Riesen gekämpft   4
und mit Fliegen.
Sieben habe ich auf einen Streich erlegt.

☐ Frau Holle

☐ Tapferes Schneiderlein

☐ Dornröschen

☐ Rumpelstilzchen

1 Lies die Rätsel. Schreibe die Zahl vor den passenden Namen.

2 Woran hast du erkannt, welche Figur gemeint ist? Markiere in jedem Rätsel eine Stelle.

3 Schreibe selbst ein Rätsel zu einer bekannten Märchenfigur.

Ich ▸ _____

▸ _____

▸ _____

▸ _____ .

Ich heiße ▸ _____ .

Im Winter

Der Schneemann auf der Straße

Der Schneemann auf der Straße
träg einen weißen Rock,
hat eine rote Nase
und einen dicken Stock. — Strophe

Er rührt sich nicht vom Flecke, — Vers
auch wenn es stürmt und schneit.
Stumm steht er in der Ecke
zur kalten Winterszeit.

Doch tropft es von den Dächern
im ersten Sonnenschein,
da fängt er an zu laufen,
und niemand holt ihn ein.

Robert Reinick

1 Kreuze in jeder Zeile den richtigen Satz an.

Der Text hat drei Verse.		Der Text hat drei Strophen.	
Einige Verse reimen sich.		Die Verse reimen sich nicht.	
Der Text ist ein Gedicht.		Der Text ist kein Gedicht.	

2 Welche Wörter reimen sich? Markiere sie mit der gleichen Farbe.

3 Welche Textstelle gefällt dir besonders gut?
Rahme sie ein und begründe.

Mir gefällt die Stelle, weil

Nikolausgedichte

Er war da
Roter Mantel,
der Bart lang und weiß,
kommt er gegangen,
ganz heimlich und leis.
Ein Rascheln,
ein Wispern,
ein Tuscheln,
ein Knistern
tief in der Nacht.

Nikolaus hat
an uns alle
gedacht.

Elke Bräunling

Sankt Niklas
Sankt Niklas, komm in unser Haus,
leer deine großen Taschen aus,
stell deinen Esel auf den Mist,
dass er Heu und Hafer frisst.
Heu und Hafer frisst er nicht,
Zuckerbrezel kriegt er nicht.

Volksgut

1 Lies und vergleiche die Gedichte.
Kreuze die richtigen Aussagen an.

	Er war da	Sankt Niklas
Das Gedicht wurde von einer Autorin geschrieben.		
Das Gedicht hat zwei Strophen.		
Das Gedicht reimt sich.		
Im Gedicht hat der Nikolaus einen Esel.		
Im Gedicht kommt der Nikolaus leise.		

2 Welche Wörter reimen sich? Markiere sie in der gleichen Farbe.
Was fällt dir auf?

3 Welches Gedicht gefällt dir besonders gut? Begründe.

Mir gefällt das Gedicht, weil

Die schönsten Gedichte zum Winter

Inhaltsverzeichnis

Kapitel	Seite
1. Schneeflockentanz – Wintergedichte	6
Christian Morgenstern: Die drei Spatzen	7
Herbert Paul: Winterfreuden	8
James Krüss: Das Feuer	9
2. Holler, boller, Rumpelsack – Nikolausgedichte	10
Albert Siegel: Nüsse knacken	11
Theodor Storm: Knecht Ruprecht	12
Peter Hacks: Nikolaus erzählt	13
3. Advent, Advent – Adventsgedichte	14
Heinz Bornemann: Adventskalender	15
Matthias Claudius: Lied im Advent	16
Elise Hennek: Advent	17
4. Die Weihnachtsmaus – Gedichte für die Weihnachtszeit	18
Volksgut: Der Bratapfel	19
Ursel Scheffler: Vorweihnachtstrubel	20
Anna Ritter: Denkt euch, ich habe das Christkind gesehen	21

1 Lies nur die farbigen Überschriften.

In welchem Kapitel geht es um die Adventszeit?   In Kapitel _____.

In welchem Kapitel findest du Wintergedichte?   In Kapitel _____.

2 Worum geht es im Kapitel Holler, boller, Rumpelsack?

3 Überfliege das Inhaltsverzeichnis mit den Augen.
In welchem Kapitel findest du ein Gedicht von Elise Hennek?

Ich finde es in Kapitel _____.

Die Weihnachtsgeschichte

1 Jesus ist geboren
Als Jesus in Bethlehem geboren war,
wollten alle das Kind sehen
und es willkommen heißen.

2 Die Hirten
Ein Engel kam zu den Schafhirten.
Er brachte ihnen die gute Nachricht,
dass Jesus geboren war.
So machten sich die Schafhirten mit ihren
Schafen auf den Weg nach Bethlehem.

3 Die drei Weisen
Drei kluge Männer aus dem Morgenland
sahen einen Stern. Sie folgten ihm.
Der Stern zeigte den Männern
den Weg nach Bethlehem.
Über einem kleinen Stall blieb der Stern stehen.
Im Stall lag das Kind Jesus in der Krippe.
Die Männer brachten dem Kind Geschenke:
Gold, Weihrauch und Myrrhe.

Kees de Kort

1 Schau dir die Bilder an und lies die Überschriften.
Worum geht es wohl in dem Text?

_____

_____

2 Überfliege den Text mit den Augen.
Markiere das Wort **Bethlehem**.

Wie oft hast du es gefunden? _____-mal

3 Vergleiche deine Ergebnisse mit einem Partnerkind.

○ Verfahren zur ersten Orientierung über einen Text nutzen – **Erweiterung**   **LF** S. 86   27

Das tut mir gut

Ich freue mich

Ich freue mich, dass ich Augen hab,
die alles ringsum sehn.
Freue mich, dass ich Füße hab,
wohin ich will zu gehn.
Freue mich über meine Ohren,
dass ich die Vögel hören kann –
und zieht der Kuchenduft ins Zimmer,
wie freut mich eine Nase dann.
Die Hände greifen, was ich will,
die Finger halten selten still –
und meine Haare kitzeln mich,
und was der Kopf denkt, spreche ich.

Lutz Rathenow

Ich finde das Gedicht _____,
weil _____
_____ .

 1 Wie findest du das Gedicht?
Schreibe deine Meinung in die Denkblase.

 2 Worüber freust du dich? Schreibe deine Gedanken auf die Strahlen der „Ich freue mich"-Sonne.

eigene Gedanken zu Texten entwickeln, zu Texten Stellung nehmen und mit anderen
über Texte sprechen – **Basis**

LF S.95

Irenes Geburtstag

Irene hat Geburtstag.
Irene wohnt seit einem Monat in Astrids Straße.
An einem Ende der Straße wohnt Astrid,
am anderen Ende wohnt Irene, und die Straße ist nicht lang.
5 Irene hat Astrid zur Geburtstagsfeier nicht eingeladen.
Astrid ist sehr traurig. Vielleicht lädt sie mich
zum nächsten Geburtstag ein, denkt Astrid.

Rita ist eingeladen. Rita weiß aber nicht,
wo Irene wohnt, und darum kommt sie zu Astrid.
10 Astrid begleitet Rita und zeigt ihr, wo Irene wohnt.
Als Rita im Tor verschwunden ist, geht Astrid nach Hause.
Irenes Mutter kommt auf die Straße und ruft Astrid.
Astrid tut so, als ob sie nichts hört, und beginnt zu laufen.
Dicke Tränen kollern über ihre Backen, Astrid wischt
15 die Tränen rasch weg, denn sie will ja gar nicht weinen.
„Ich mach mir überhaupt nichts draus, dass Irene mich nicht
eingeladen hat. Warum sie aber Rita eingeladen hat,
versteh ich nicht", sagt Astrid zu ihrer Mutter.

Karin Gündisch

 1 Welche Stelle im Text findest du besonders traurig?
Markiere die Stelle. Begründe.

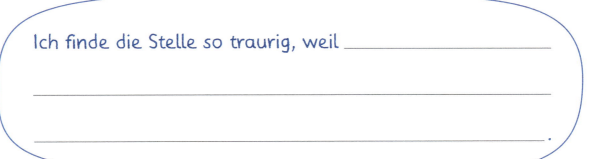

Ich finde die Stelle so traurig, weil _____

 2 Vergleiche mit einem Partnerkind.
Was hat das Kind markiert? Was hat es aufgeschrieben?

Sandkastenfreunde

_____

Die Freundschaft von Maya und David begann,
als sie gerade mal erst zwei Wochen alt waren.
Später saßen sie zusammen im Sandkasten und
haben sich gegenseitig mit Brezeln gefüttert.

Noch immer Freunde

_____

Als David das erste Mal allein
beim Bäcker Brötchen holen durfte,
stand Maya ihm tatkräftig zur Seite.
Sie gab die Bestellung auf
und er zählte das Geld ab – perfekte Teamarbeit!

Baby-Freundschaft

_____

Inzwischen sind Maya und David acht Jahre alt.
Sie spielen und reden miteinander, lauschen Hörbüchern,
tauschen Briefmarken und Glasperlen.
Und wenn einer von ihnen krank ist,
bringt der andere ihm die Hausaufgaben.
„Wenn einer an einen denkt",
das ist es, was für Maya Freundschaft ausmacht.

Immer Streit

Ein gutes Team

Verena Hoenig

 1 Ordne jedem Abschnitt die passende Überschrift zu.
Schreibe sie auf die Linie über dem Abschnitt.

 2 Welche Überschrift passt nicht?
Rahme ein und begründe.

Diese Überschrift passt nicht, weil ▸ _____

▸ _____

▸ _____ .

Im Park

Sinan und Felix spielten im Park gegen Murat Fußball.

1 Plötzlich kam Hülya vorbeigefahren.
Sie hatte ein tolles neues Fahrrad.
„Hey! Bisiklete bak!"*, rief Murat.
„Was?" Felix hatte schon wieder nichts verstanden.
Murat lief dem Mädchen mit dem Fahrrad entgegen.
Sinan nahm den Fußball und folgte ihm.

2 **„Selam**, Hülya!"**, rief Murat.
Wie bitte, dachte Felix. Er kam sich richtig doof vor.
Er schaute zu Sinan.
„Selam!", sagte Sinan und hob die Hand. „Ich heiße Sinan."
Ach so! Jetzt hatte Felix verstanden.
„Selam, ich bin der Felix."

3 „Und das ist Schnuffi", sagte Hülya.
Schnuffi war ein neugieriger Hund.
Er lief gleich zu Sinan und wollte
ihn beschnuppern. Doch Sinan
hatte Angst vor großen Hunden
und ging einen Schritt zurück.
Schnuffi kam näher. Sinan ging
noch einen Schritt zurück,
dann noch einen und noch einen und –
stolperte über einen Stein. Autsch!

Aygen-Sibel Çelik

* auf Deutsch: Hey, schau mal, das Fahrrad!
** auf Deutsch: Hallo, Hülya!

1 Finde eine passende Überschrift zu Abschnitt 1.

2 Was passiert in Abschnitt 3? Male ein Bild in den blauen Rahmen.
Gib deinem Bild eine Überschrift.

Im Frühling

Der Storch

Habt ihr noch nicht vernommen?
Am Dache sitzt er schon!
Der Storch ist heimgekommen;
Hört doch den frohen Ton!
Klapper diklapp, klapper diklapp.
Klapper nur, klapper du
Immerzu!

Heinrich Hoffmann von Fallersleben

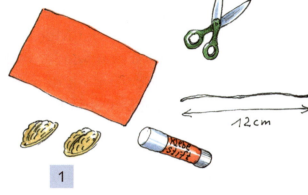

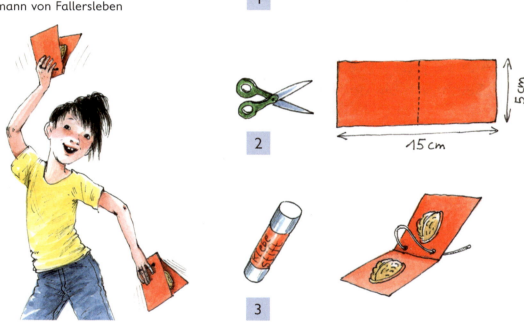

1. Lies das Gedicht. Welche Wörter klappern wie der Storchenschnabel? Markiere sie im Text.

2. Lerne das Gedicht auswendig.

3. Bastle einen klappernden Storchenschnabel. Die Bilder helfen dir.

4. Trage das Gedicht vor. Klappere mit deinem Storchenschnabel, wenn du die markierten Wörter sprichst.

Die Tulpe

Dunkel
war alles und Nacht.
In der Erde tief
die Zwiebel schlief,
die braune.

Was ist das für ein Gemunkel,
was ist das für ein Geraune,
dachte die Zwiebel,
plötzlich erwacht.
Was singen die Vögel da droben
und jauchzen und toben?

Von Neugier gepackt,
hat die Zwiebel einen langen Hals gemacht
und um sich geblickt
mit einem hübschen Tulpengesicht.

Da hat ihr der Frühling entgegengelacht.

Josef Guggenmos

 1 Male zu jeder Strophe des Gedichts ein Bild.

2 Versuche, das Gedicht auswendig zu sprechen.
Decke den Text ab. Nutze die Bilder.

Ostereiersuchen

Kinder, Kinder!
Kommt herbei!
Suchen wir das Osterei.
Immerfort,
hier und dort
und an jedem Ort.
Ist es noch so gut versteckt,
endlich wird es doch entdeckt.
Hier ein Ei,
dort ein Ei,
bald sind's zwei und drei.

Heinrich Hoffmann von Fallersleben

Osterzeit

Nach einer winterkalten Woche
ein Tag voll Sonnenlicht und Wärme.
Im Flieder zwitschern Spatzenschwärme.
Jetzt kann der Frühling neu beginnen,
außen und innen.

Georg Bydlinski

Schneeglöckchen und Mandelblüten,
Krokusse mit gelben Hüten
und im Gras ein buntes Nest:
Heut feiern wir das Osterfest.

Elke Bräunling

1 Lies die Ostergedichte.

2 Welches Gedicht möchtest du auf eine Osterkarte schreiben und verschenken? Rahme das Gedicht ein.

3 Warum hast du dieses Gedicht ausgewählt? Begründe.

Ich habe das Gedicht ausgewählt, weil

Gesunde Frühlingsrezepte

Power-Drink

Du brauchst:
3 Gläser Orangensaft
1 Glas Möhrensaft
Saft von einer Zitrone
4 Esslöffel Honig

· Gib alle Zutaten
  in eine Kanne.
· Rühre die Flüssigkeit gut um.

Erdbeerspießchen mit Joghurt-Dip

Du brauchst:
Zahnstocher
Erdbeeren
Vanille-Joghurt

· Wasche die Erdbeeren.
· Stecke in jede Beere
  einen Zahnstocher.
· Gib den Vanille-Joghurt
  in eine kleine Glasschüssel.

Gurkenschlange

Du brauchst:
eine gewaschene Schlangengurke
150 g Fleischwurst
eine gefüllte Olive
ein Stück rote Paprika

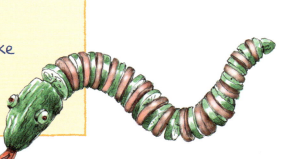

1 Lies die Frühlingsrezepte.

2 Womit würdest du deine Mama oder deinen Papa überraschen?
Kreuze an und begründe.

☐ Gurkenschlange   ☐ Erdbeerspießchen   ☐ Power-Drink

Begründung: ▸ _____

3 Welches Rezept möchtest du mit deinem Freund oder
deiner Freundin gemeinsam ausprobieren? Kreuze an und begründe.

☐ Gurkenschlange   ☐ Erdbeerspießchen   ☐ Power-Drink

Begründung: ▸ _____

○ Texte begründet auswählen – **Erweiterung**

Mit Tieren leben

Die Hauskatze

So sieht eine Katze aus
Katzen besitzen einen runden Kopf mit zwei kleinen Ohren, lange Tasthaare und einen langen Schwanz. Hauskatzen sind Raubtiere. Sie haben lange Eckzähne, mit denen sie ihre Beute festhalten.

Das frisst eine Katze
Katzen wurden früher gehalten, um Ratten und Mäuse zu jagen.
Sie fressen aber auch andere kleine Tiere. Katzen, die in der Wohnung gehalten werden, bekommen Feucht- oder Trockenfutter.

Das kann eine Katze besonders gut
Katzen können geschickt auf Bäume klettern. Mit ihren Krallen halten sie sich fest. Wenn sie einmal oben sind, können sie aus großer Höhe wieder herunterspringen, ohne sich wehzutun.
Sie landen immer auf ihren Pfoten.

1 Lies die Abschnitte.
Male zu jedem Abschnitt ein passendes Bild.

2 Trage vor, was du über Hauskatzen weißt.
Decke den Text ab. Nutze deine Bilder.

Inga

Als Inga aus der Schule nach Hause kam,
war der Vater so komisch.
„Ist etwas passiert?", fragte sie.

„Es ist etwas Trauriges passiert.
Dein Häschen ist tot", sagte er.

Einen Augenblick war Inga ganz still,
dann füllten sich ihre Augen mit Tränen.
Der Vater nahm sie in die Arme.
„Wo ist Nischka? Kann ich ihn sehen?",
fragte sie.

„Ich habe ihn draußen im Garten
zwischen den beiden Büschen begraben",
sagte der Vater.

„Ich hätte ihn doch so gern
noch einmal gesehen",
sagte Inga und ging hinaus.

Nach einiger Zeit kam sie zurück
und ging in ihr Zimmer.

Arnold Grömminger

1 Markiere in jedem Abschnitt zwei oder drei wichtige Wörter.
Schreibe die Wörter in den Rahmen neben dem Abschnitt.

2 Decke den Text ab.
Erzähle die Geschichte mithilfe der Wörter in den Rahmen.

Texte mit eigenen Worten wiedergeben – **Erweiterung**   LF S.127   37

Rund um Tiere

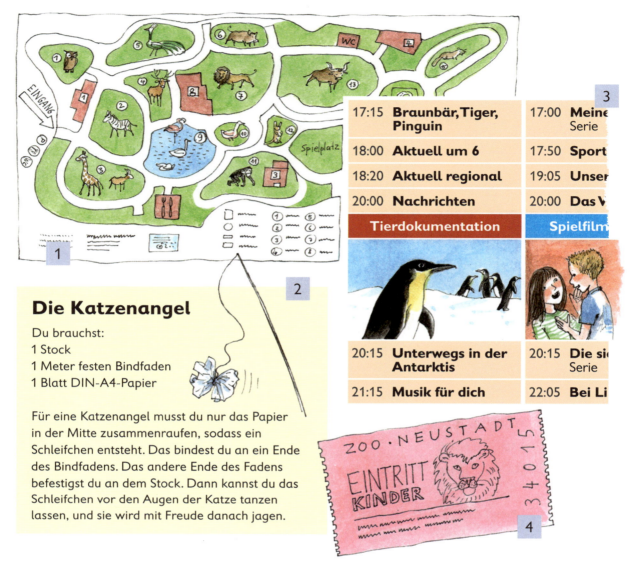

Die Katzenangel

Du brauchst:
1 Stock
1 Meter festen Bindfaden
1 Blatt DIN-A4-Papier

Für eine Katzenangel musst du nur das Papier in der Mitte zusammenraufen, sodass ein Schleifchen entsteht. Das bindest du an ein Ende des Bindfadens. Das andere Ende des Fadens befestigst du an dem Stock. Dann kannst du das Schleifchen vor den Augen der Katze tanzen lassen, und sie wird mit Freude danach jagen.

 1 Was sind das für Texte?
Trage die passenden Ziffern ein.

☐ Bastelanleitung
☐ Eintrittskarte
☐ Inhaltsverzeichnis
☐ Fernsehprogramm
☐ Plan

 2 Welche Arten von Texten hast du schon einmal benutzt?
Tausche dich mit einem Partnerkind aus.

Für Tiere sorgen

 1 Kreuze alle richtigen Antworten an.

Auf der Visitenkarte eines Tierarztes findet man

☐ das Alter des Tierarztes.
☐ die Adresse der Praxis.
☐ die Öffnungszeiten der Praxis.
☐ das Lieblingstier des Tierarztes.
☐ die Telefonnummer der Praxis.

```
Gottfried Schmidt
Praktizierender Tierarzt

39114 Magdeburg · Domstraße 14
Tel.: 0391/85 47 45 99
Sprechzeiten: Mo.–Fr. 15:00–19:00 Uhr
```

Auf einem Kassenzettel steht häufig

☐ das Datum des Einkaufs.
☐ der Name des Geschäfts.
☐ die Größe des Geschäfts.
☐ der Preis der eingekauften Waren.
☐ das Fernsehprogramm.

```
•••• Utes Tierparadies ••••

FressFit              3.99 A
Trockenfutter 1 kg    2.95 A
8x      0.69
Katzi Beutel 100 g    5,52 A

Summe           EUR  12,46
================================
Nettobetrag     EUR  11.59
MWST A   7.00%  EUR   0.87

Es bediente Sie Frau Schmidt
20.02.2015    16:27    Kasse 1
```

 2 Worüber informiert dich die Suchanzeige?

Ich erfahre
– wann die Katze entlaufen ist.
–
–
–
–

verschiedene Sorten von Sach- und Gebrauchstexten kennen – Erweiterung   LF S.128   39

Bei uns und anderswo

Ein Kapitel aus dem Lesebuch

1. Auf welcher Seite fängt das Kapitel **Bei uns und anderswo** an?

   Seite _____

2. Auf welcher Seite kannst du etwas über Tiere in Tansania erfahren?
   - Seite 138
   - Seite 148
   - Seite 151

3. Wie heißt der Autor, der die Geschichte „Gute Freunde" geschrieben hat?

   _____

4. Auf Seite 139 erfährst du, wie Menschen auf der Welt
   - tanzen.
   - wohnen.
   - essen.

5. Welche Seite interessiert dich besonders? Begründe.

   Ich finde Seite _____ besonders interessant, weil
   _____.

---

40   ○ Informationen in Druck- und – wenn vorhanden – elektronischen Medien suchen – **Basis**   LF S.148–149

Leopard – chui*

Leoparden sind wunderschöne Tiere. Man kann sie in Tansania bei einer Safari in einem Nationalpark beobachten. Da muss man aber richtig Glück haben. Leoparden halten sich nämlich tagsüber versteckt. Sie jagen in der Nacht. Leoparden sind sehr schnelle Tiere.

Wie lang ist ein Leopard?
Leoparden sind die kleinsten Raubkatzen. Die Körperlänge eines Leoparden beträgt ungefähr zwei Meter.

Wo lebt ein Leopard?
Leoparden leben im Wald und im trockenen Buschland.

Wie viel wiegt ein Leopard?
Ein Leopard ist nicht schwer. Er wiegt ungefähr 50 Kilogramm.

Wie alt kann ein Leopard werden?
Leoparden, die in der Wildnis leben, können etwa 15 Jahre alt werden.

Einzigartig! Leoparden können besser klettern als alle anderen Katzen.

*Leopard heißt auf Kiswahil: **chui**.

1 Fülle den Leoparden-Steckbrief aus. Orientiere dich an den Zwischenüberschriften im Text und am Foto.

Der Leopard

Körperlänge: *ungefähr 2 Meter*

Gewicht:

Lebensraum:

Alter:

Besonderheiten:

○ Informationen in Druck- und – wenn vorhanden – elektronischen Medien suchen – **Erweiterung**　　LF S.148

Rezepte auf www.schule-und-familie.de

1. Finde das passende Rezept für jedes Kind.
   Schreibe die Rezeptnummer neben den Namen des Kindes.

   ☐ Tom liebt Spagetti, Spirelli, Makkaroni – einfach Nudeln jeder Art.

   ☐ Maria isst sehr gern Süßes, am liebsten mit Schokolade.

   ☐ Simon interessiert sich für afrikanische Länder, zum Beispiel für Kenia.

   ☐ Induja mag gerne Gerichte mit Curry, ihre Mama kommt aus Indien.

2. Welches Rezept interessiert dich am meisten?
   Rahme es ein und begründe.

   Mich interessiert dieses Rezept besonders, weil ▸ _____

   ▸ _____ .

Feuer auf dem Berg – ein Spiel aus Tansania

Anzahl der Mitspieler:
ein Spielleiter, mindestens vier Mitspieler

> Auf der Internetseite von UNICEF **www.unicef.de** kann man dieses und noch andere Spiele finden.

Spielanleitung:
Alle Spieler legen sich auf den Rücken.
Sie bestimmen gemeinsam ein besonderes Wort,
zum Beispiel das Wort „Palme".
Wenn der Spielleiter das Wort „Palme" ruft,
müssen alle schnell aufspringen.
Das Spiel beginnt damit, dass der Spielleiter ruft: „Feuer auf dem Berg!"
Alle Mitspieler antworten: „Feuer!", springen aber nicht hoch.
Dann ruft der Spielleiter: „Feuer auf dem Fluss!"
Wieder antworten die Spieler: „Feuer!" und bleiben liegen.
Der Spielleiter denkt sich immer wieder ein neues Satzende aus,
zum Beispiel „Feuer auf dem Feld!", „Feuer auf der Wiese!".
Irgendwann ruft der Spielleiter dann plötzlich das Wort „Palme".
Er kann das Wort jederzeit rufen, zwischen den Sätzen
oder mittendrin, zum Beispiel „Feuer auf – Palme – der Wiese".
Wer zuletzt aufspringt, muss ausscheiden.

1 Auf welcher Seite im Internet kann man das Spiel finden?
Markiere den Namen der Internetseite.

2 Wo kann man das Spiel am besten spielen? Kreuze an und begründe.

☐ im Klassenraum   ☐ in der Turnhalle   ☐ auf dem Pausenhof

Dieser Ort eignet sich am besten, weil

3 Nutze das Internet. Gib in eine Kinder-Suchmaschine
die Wörter „Spiele aus aller Welt" ein.
Notiere eine Internet-Adresse, bei der du ein Spiel
aus einem anderen Land finden konntest.

○ Angebote in Zeitungen und Zeitschriften, in Hörfunk und Fernsehen, auf Ton- und Bildträgern sowie im Netz kennen, nutzen und begründet auswählen – **Erweiterung**

In der Bibliothek

Das allerbeste Buch

Lola, die kleine Schwester von Charlie, ist ganz traurig, weil ihr Lieblingsbuch
Käfer, Wanzen und Schmetterlinge *in der Bücherei ausgeliehen ist.*
Charlie zeigt ihr ein anderes interessantes Sachbuch.

Ich sage: „Wie wär's denn mit **Geparden und Schimpansen**?"
5 Lola sagt: „Sind da **Käfer, Wanzen und Schmetterlinge** drin?"
Und ich sage: „Nein, da sind **Geparden und Schimpansen** drin.
Versuch's doch wenigstens mal, Lola, bitte."
Lola sagt: „Okay, Charlie. Aber es wird **nicht** so gut sein wie …"

Aber dann sagt Lola: „Oh! Guck mal. Geparden sind unheimlich schnell,
10 und die Schimpansen sind sehr frech und eigentlich sind sie …
Weißt du was, Charlie …? Dieses Buch ist wahrscheinlich das **allerbeste**
Buch auf der ganzen, weiten Welt. Weil es so **interessant** ist.
Und so schön! Und, weißt du, es hat die **besten Bilder**,
die ich je gesehen habe, und die Schimpansen-Babys sind **sooo witzig** …"

Lauren Child

1 Für welches Sachthema interessiert sich Lola wohl besonders? Kreuze an.

☐ Planeten   ☐ Vulkane   ☐ Technik   ☐ Tiere
☐ Dinosaurier   ☐ Sport   ☐ Ritter   ☐ Bäume

2 Welches Thema interessiert dich besonders? Notiere.

▸ _____

3 Wo informierst du dich über das Thema? Kreuze an und begründe.

☐ in Büchern   ☐ im Internet   ☐ in ▸ _____

Am liebsten informiere ich mich über das Thema in/im
▸ _____ ,
weil ▸ _____ .

44 ○ die eigene Lese-Erfahrung beschreiben und einschätzen – **Basis**   LF S.159

Tim entdeckt Finn McCool

*Tim war kein begeisterter Leser, bis er eines Tages
in der Bibliothek ein Buch entdeckte.*

Ich tat so, als würde ich ein Buch lesen
mit dem Titel **Finn McCool, der Riese von Irland**.
5   Da weckte etwas meine Aufmerksamkeit.
Der erste Satz der Geschichte.
„Finn McCool", stand da, „war der größte Riese in Irland."
Der Satz hatte was. Er klang … interessant.

> Was weckt Tims Aufmerksamkeit?

Ich beschloss, ein bisschen weiterzulesen.
10 Nicht das ganze Buch, nie im Leben.
Aber vielleicht noch ein paar Sätze.
Finn hatte ein Problem, hieß es in dem Buch.
Angus MacTavish, der größte Riese in Schottland,
wollte gegen ihn kämpfen.

> Was beschließt Tim?

15 Da konnte ich nicht mehr aufhören.
Zwei Riesen, die gegeneinander kämpften!
Und im nächsten Moment war ich in die Geschichte vertieft.
Fast zwei Stunden lang hatte ich gelesen.

> Wie lange hat Tim in dem Buch gelesen?

Eoin Colfer

1 Markiere die Antworten zu den Fragen in jedem Abschnitt.

 2 Vergleiche Tims Lese-Erfahrung mit deiner. Schreibe auf.

Welches spannende Buch hast du schon gelesen?

Wovon handelt es?

Wie lange hast du schon einmal in einem Buch gelesen?

Was steht in welchem Regal?

*Malte, Leni und die anderen Kinder sind in der Bibliothek.
Sie suchen sich Bücher aus, die sie ausleihen und lesen möchten.
Die Bücher sind in Regalen geordnet.*

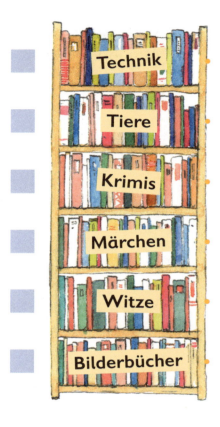

Irina: Ich möchte ein Buch mit russischen Märchen ausleihen.

Maja: Ich möchte ein Witzbuch ausleihen.

Leni: Ich möchte herausfinden, was Kaninchen alles fressen dürfen.

Tim: Ich suche ein Buch mit vielen Bildern.

Malte: Ich lese gerne Bücher über Autos.

Rico: Ich mag spannende Bücher.

1 In welchem Regal können die Kinder ihre Bücher suchen? Verbinde mit Linien.

2 Aus welchem Regal möchtest du gerne Bücher ausleihen? Kreuze zwei Regale an.

3 Schreibe auf, was dir an deiner Bibliothek besonders gefällt.

An meiner Bibliothek mag ich ▸

46   ○ sich in einer Bücherei orientieren – **Basis**   **LF** S.158

Kleiner Test für Bibliotheks-Experten

1. Was sind Medien?
   - A Bleistifte, Füllhalter, Filzstifte
   - E Bücher, Zeitschriften, DVDs

2. Wozu benötigt man einen Benutzerausweis?
   - X zum Ausleihen von Büchern
   - Y zum Eintritt in die Bibliothek

3. Welche Bücher sind Sachbücher?
   - O Märchenbuch, Abenteuerbuch, Roman
   - P Tierbuch, Pflanzenbuch, Autobuch

4. Warum müssen die Bücher in der Bibliothek geordnet werden?
   - E damit man sie leicht finden kann
   - I damit sie nicht einstauben

5. Was bedeutet das Wort **Lesealter**?
   - S das Alter der Bücher
   - R das Alter der Leser

6. Was ist eine Buchlesung?
   - S Ein Buch wird geschrieben.
   - T Ein Buch wird vorgestellt.

1 Lies jede Frage. Markiere die richtige Antwort.

2 Ergänze das Lösungswort.

Lösungswort: __ __ __ __ __ __ E

○ sich in einer Bücherei orientieren – **Erweiterung** LF S.158

Unheimliches und Spannendes

Kleiner Test für Buch-Experten

Autor •

Titel •

Verlag •

Klappentext •

1 Ordne die Wörter dem Bild zu. Verbinde.

2 Lies den Klappentext auf der Buchrückseite.
Er informiert dich über den Inhalt des Buches.
Kreuze an, was es für ein Buch ist.

☐ Sachbuch über Fische ☐ Tiergeschichte ☐ Detektivgeschichte

3 Welche Bilder gehören **nicht** in das Buch? Kreuze an.

48   ○ ein Kinderbuch selbst auswählen und vorstellen – **Basis**

Die große Bücherschau

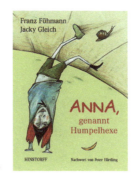

1.   2.   3.

1 Ordne jedem Klappentext das richtige Buch zu. Trage die Nummern ein.

Eines Tages gründet Fritzi mit ihren besten Freunden eine Tierretterbande. Doch der erste Einsatz ist nicht sehr erfolgreich, weswegen Lara und André schnell die Nase voll haben. Zu schnell, denn kurz darauf gerät Fritzis Freundin Hilde, eine alte Ziegendame, in ernsthafte Gefahr! Jetzt kommt es auf Fritzi ganz allein an …

GUTEN ABEND miteinander. Mr Gum ist durch und durch böse und er hasst Kinder, Tiere, Spaß und Maiskolben mit Butter und Salz. In diesem Buch steht alles über ihn drin. Und über die unfreundliche Fee, die in seiner Badewanne wohnt. Und über Jacob, den Hund, und ein kleines Mädchen namens Polly und über Freitag O'Leary, den großartigen Mann. Und es gibt Helden und Süßigkeiten und Abenteuer UND ALLES!

Die Geschichte von Anna, dem Hexenkind, deren eines Bein länger ist als das andere. Und die sich weigert, es auf die Größe des kürzeren hobeln zu lassen. Denn: „Ich habe nun mal zwei verschiedene Beine, da muss ich eben was daraus machen." Mögen die Gleichbeiner anfangs noch so spotten …

2 Welches Buch würdest du gern lesen? Rahme es ein.

3 Begründe deine Buchauswahl.

○ ein Kinderbuch selbst auswählen und vorstellen – **Erweiterung**   LF S.168–169   49

Ein Buch vorstellen

1 Ich wähle ein Buch aus meinem Bücherregal oder der Bibliothek. Dabei hilft mir der Klappentext.

Der Titel meines Buches lautet:

Der Autor/Die Autorin heißt:

Buchrückseite mit Klappentext

Mein Buch ist ein

☐ Abenteuerbuch. ☐ Sachbuch. ☐ Tierbuch. ☐ _____ .

2 Ich lese das Buch, vielleicht über das Wochenende oder in den Ferien.

3 Ich schreibe auf, worum es in dem Buch geht.

Darum geht es in meinem Buch:

4 Ich wähle einen oder mehrere Textausschnitte, die ich vorlesen möchte. Ich schreibe mir die Seitenzahlen auf.

Diese Seiten möchte ich vorlesen:

S.

5 Wenn mein Buch Bilder hat, wähle ich einige aus, die ich zeigen möchte. Ich schreibe mir die Seitenzahlen auf.

Diese Bilder möchte ich zeigen:

S.

50   ein Kinderbuch selbst auswählen und vorstellen – **Basis**   LF S.168–170

Meine Lieblingsstelle zum Vorlesen

Akim und Maja haben zwei unterschiedliche Stellen zum Vorlesen aus **Der unglaubliche kleine Bücherfresser** ausgewählt.

Akim:

> Henry mochte Bücher zum FRESSEN gerne. Am Anfang war er sich noch nicht so sicher und versuchte, nur ein einzelnes Wort zu essen. Einfach, um es mal zu probieren.
> Als Nächstes versuchte er einen ganzen Satz und dann eine ganze Seite. Und tatsächlich, Henry schmeckten sie wirklich sehr gut.
>
> Bis Mittwoch hatte er schon ein GANZES Buch gegessen. Und am Ende des Monats konnte er ein ganzes Buch in einem Rutsch verdrücken.

Maja:

> Bald schon schaffte er nicht nur ein Buch auf einmal, sondern drei oder vier. Bücher über jedes Thema. Henry war dabei nicht wählerisch, er wollte einfach alles wissen.
>
> Doch dann lief es nicht mehr ganz so gut. Um genau zu sein, es lief sehr, sehr schlecht. Henry aß zu viele Bücher und noch dazu viel zu hastig. Er fing an, sich ein bisschen krank zu fühlen. Aber das Schlimmste war: Alles, was er lernte, geriet durcheinander …

1 Lies die beiden Textstellen. Kreuze an, worauf Akim und Maja bei der Auswahl der Textstelle geachtet haben.

	Akim	Maja
Die wichtigsten Figuren werden vorgestellt.		
Die Zuhörer erfahren etwas Wichtiges über den Inhalt.		
Der Text hört an einer Stelle auf, die neugierig macht.		
Die Stelle ist für die Zuhörer verständlich.		

2 Welche der beiden Stellen würdest du zum Vorlesen auswählen?

Begründe.

▸ _____
▸ _____
▸ _____

○ ein Kinderbuch selbst auswählen und vorstellen – **Erweiterung**   LF S.176–177   51

Im Sommer

Beerenzählen

Heidel
Stachel
Him
Brom
Blau

Genau!

Erd? – fehlt!
Ham wir uns verzählt?

F. W. Bernstein

Sommerfrüchte

Viele Früchte des Sommers locken mit kräftigen Rot- oder Dunkeltönen. Erdbeeren leuchten kräftig rot.
Himbeeren färben sich rosarot, und Johannisbeeren färben sich rosa oder leuchtend rot. Manche Sorten von Johannisbeeren und Stachelbeeren sind dunkelrot. Heidelbeeren oder Blaubeeren werden blau- bis dunkelviolett. Im August werden die Brombeeren reif und färben sich dunkelrot bis schwarzrot. Alle Beeren sind reich an Vitamin C und Fruchtzucker.

 1 Was sind das für Texte? Kreuze an.

Beerenzählen ist ☐ ein Sachtext. **Sommerfrüchte** ist ☐ ein Sachtext.
☐ ein Gedicht. ☐ ein Gedicht.

 2 Welche Gemeinsamkeiten haben beide Texte?
Kreuze an. Du kannst auch mehrere Kreuze machen.

Es geht um ☐ die Farben.
☐ die Beeren.
☐ das Zählen.

Wasserscheu

Alle anderen können schwimmen, nur Mirjam nicht.
Mirjam ist nämlich wasserscheu. Das sagen die anderen
jedenfalls. Und nun fährt Mama mit ihr in den Ferien
an die Ostsee, damit sie schwimmen lernt.
5 Mirjam hat überhaupt keine Lust dazu. Aber Mama
hat ihr versprochen, dass sie nicht ins Wasser muss,
wenn sie nicht will. Und außerdem hat sie gesagt,
dass das Wasser in der Ostsee salzig ist.
Und salziges Wasser trägt einen besser. Man geht
10 darin nicht so leicht unter wie in normalem Wasser.

Cordula Tollmien

Schwimmunterricht

„Ich habe bestimmt Fieber", sagt Julian. Mama legt ihm
die Hand auf die Stirn und sagt: „Nein, hast du nicht."
„Aber Bauchschmerzen", sagt Julian. Mama sieht ihn an
und fragt: „Was ist los, Julian? Willst du nicht in
5 die Schule? Ihr habt doch heute Schwimmen. Das ist doch
toll." „Von wegen", denkt Julian. Aber er sagt nichts.
Julian hat Angst vorm Wasser. Beim Umziehen trödelt er.
Unter der Dusche bleibt er so lange wie möglich.
Alle sind schon im Wasser. Nur Julian noch nicht.

Cordula Tollmien

 1 Was stimmt für den blauen Text?
Was stimmt für den grünen Text?
Kreuze an.

blau   grün

1 Das Kind hat Angst vor dem Wasser.

2 Das Kind ist ein Junge.

3 Das Kind fährt in den Ferien an die Ostsee.

4 Das Kind trödelt beim Umziehen.

Unterschiede und Gemeinsamkeiten von Texten finden – **Erweiterung**

Lesefreunde 2
Arbeitsheft

Erarbeitet von:
Marion Gutzmann, Irene Hoppe, Alexandra Ritter, Michael Ritter

Unter Einbeziehung der Ausgabe von:
Kerstin Granz, Marion Gutzmann, Irene Hoppe

Unter Beratung von:
Dagmar Diewald (Rositz), Jenny Glase (Berlin), Kerstin Granz (Biederitz), Matthias Klocke (Berlin), Heike Redel (Berlin), Gisela Schmidt (Halle) und dem Team der Martin-Andersen-Nexö Grundschule (Greifswald)

Redaktion: Nina Offrich, Mirjam Löwen, Nathalie Contrael

Illustrationen: Christa Unzner, Uta Bettzieche (Hund + Detektiv), Liliane Oser (Piktogramme), Originalillustrationen

Umschlaggestaltung: tritopp, Berlin; Christa Unzner (Illustration)

Layout und technische Umsetzung: tritopp, Berlin

www.vwv.de

Die Webseiten Dritter, deren Internetadressen in diesem Lehrwerk angegeben sind, wurden vor Drucklegung sorgfältig geprüft. Der Verlag übernimmt keine Gewähr für die Aktualität und den Inhalt dieser Seiten oder solcher, die mit ihnen verlinkt sind.

1. Auflage, 2. Druck 2016

Alle Drucke dieser Auflage sind inhaltlich unverändert und können im Unterricht nebeneinander verwendet werden.

© 2015 Cornelsen Schulverlage GmbH, Berlin

Das Werk und seine Teile sind urheberrechtlich geschützt. Jede Nutzung in anderen als den gesetzlich zugelassenen Fällen bedarf der vorherigen schriftlichen Einwilligung des Verlages. Hinweis zu den §§ 46, 52a UrhG: Weder das Werk noch seine Teile dürfen ohne eine solche Einwilligung eingescannt und in ein Netzwerk eingestellt oder sonst öffentlich zugänglich gemacht werden.
Dies gilt auch für Intranets von Schulen und sonstigen Bildungseinrichtungen.

Druckerei: Parzeller print & media GmbH & Co. KG, Fulda

ISBN 978-3-06-083669-7

PEFC zertifiziert
Dieses Produkt stammt aus nachhaltig bewirtschafteten Wäldern und kontrollierten Quellen.
www.pefc.de

Quellen

Textquellen

S. 8
Andresen, Ute: Zirkuskinder (bearb.). Aus: ABC und alles auf der Welt. © 1984 Beltz & Gelberg in der Verlagsgruppe Beltz, Weinheim/Basel

S. 49
Nymphius, Jutta: Fritzi und die kleinste Tierretterbande (Klappentext). Düren: DIX Verlag und PR 2011

S. 52
Bernstein, F. W.: Beerenzählen. Aus: Jens Sparschuh (Hrsg.): Firlefanz. Ganz und gar und gar und ganz: Sinn- und Unsinnsgedichte. Berlin: Tulipan Verlag 2012

S. 25
Bräunling, Elke: Er war da. Aus: Kerstin Kipker (Hrsg.): Von drauß' vom Walde komm ich her … Die schönsten Weihnachtsgedichte. Würzburg: Arena Verlag 1997

S. 34
Bräunling, Elke: Schneeglöckchen und Mandelblüten. Aus: Mein Jahr im Kindergarten. Nürnberg: Verlage Reinhold Hagedorn 1990

S. 12
Bull, Bruno Horst: Vogelabschied (bearb.). Aus: Ute Andresen (Hrsg.): Im Mondlicht wächst das Gras. Ravensburg: Ravensburger Buchverlag Otto Maier 1991

S. 34
Bydlinski, Georg: Osterzeit. Aus: Ein Gürteltier mit Hosenträgern. Wien: Dachs-Verlag 2005

S. 31
Çelik, Aygen-Sibel: Im Park (Titel hinzugefügt, gek.) Aus: Sinan und Felix. Pulheim: SchauHör Verlag 2014

S. 44
Child, Lauren: Das ist aber total mein Buch (Auszug, gek.). Deutsch von Karen Thilo und Martin Frei-Borchers. Frankfurt am Main: Fischer Taschenbuch Verlag 2007

S. 45
Colfer, Eoin: Tim in der Bibliothek. (Titel hinzugefügt, Auszug, gek.) Aus: Tim und das Geheimnis von Knolle Murphy. Deutsch von Brigitte Jakobeit. © 2009 Beltz & Gelberg in der Verlagsgruppe Beltz, Weinheim/Basel

S. 22
Die große Rübe. Nach einem russischen Volksmärchen (gek.). Aus: Reime-Gedichte-Geschichten für den Kindergarten. Berlin: Volk und Wissen Verlag 1974

S. 43
Feuer auf dem Berg – Ein Spiel aus Tansania. Nach: UNICEF: Spiele rund um die Welt. Nur als pdf-Datei: http://www.welthaus.de/fileadmin/user_upload/Bildung/pdf_fuer_Downloads/UnicefSpieleRundUmDieWelt.pdf

S. 49
Fühmann, Franz: Anna, genannt Humpelhexe (Klappentext). Rostock: Hinstorff 2002

S. 50
Funke, Cornelia: Gespensterjäger auf eisiger Spur (Klappentext). Bindlach: Loewe Verlag 2010

S. 37
Grömminger, Arnold: Inga. Aus: Fächerverbindende Themen für das 1. und 2. Schuljahr, Reihe Unterrichtsideen. Leipzig: Ernst Klett Grundschulverlag 1995

S. 33
Guggenmos, Josef: Die Tulpe. Aus: Was denkt die Maus am Donnerstag? © 1998 Beltz & Gelberg in der Verlagsgruppe Beltz, Weinheim/Basel

S. 29
Gündisch, Karin: Irenes Geburtstag. Aus: Geschichten über Astrid. © 1985 Beltz & Gelberg in der Verlagsgruppe Beltz, Weinheim/Basel

S. 30
Hoenig, Verena: Sandkastenfreunde (Originaltitel: Sandkastenliebe). Aus: Der Bunte Hund 11/2007

S. 32
Hoffmann von Fallersleben, Heinrich: Der Storch. Aus: Kinderlieder. Erste vollständige Ausgabe besorgt von Lionel von Donop. Berlin: G. Grotesche Verlagsbuchhandlung 1877

S. 34
Hoffmann von Fallersleben, Heinrich: Ostereiersuchen. Aus: Kinderzeit im Festtagskleid. Freiburg-Basel-Wien: Herder Verlag 1993

S. 51
Jeffers, Oliver: Der unglaubliche Bücherfresser (Auszug, gek.). Übersetzt von Sarah Haag. Hamburg: Verlag Friedrich Oetinger 2007 © Harper Collins Publ., London

S. 11
KNISTER: Hexe Lillis Zaubertrick (Titel hinzugefügt, Auszug, gek.). Aus: Hexe Lilli zaubert Hausaufgaben. Würzburg: Edition Bücherbär im Arena Verlag, 16. Aufl. 1999

S. 18
Lindgren, Astrid: Die Kinder aus der Krachmacherstraße (Auszug). Deutsch von Thyra Dohrenburg. Hamburg: Verlag Friedrich Oetinger 1992

S. 5
Maar, Paul: Der letzte Buchstabe (bearb.). Aus: JAguar und NEINguar. Hamburg: Verlag Friedrich Oetinger 2007

S. 21
Mai, Manfred: Rotkäppchen (gek.). Aus: Die 100 besten 1,2,3-Minutengeschichten. Ravensburg: Ravensburger Buchverlag Otto Maier 2004

S. 16
Moser, Erwin: Der Lehnstuhl. Aus: Das große Fabulierbuch. 1995 Beltz & Gelberg in der Verlagsgruppe Beltz, Weinheim/Basel, © Erwin Moser

S. 19
Nitsch, Cornelia: Alltagsmutter – Sonntagsvater (gek.). Aus: Bald ist alles wieder gut. Vorlese-Geschichten zum Trösten und Mutmachen. München: Mosaik Verlag/Random House 1996

S. 17
Nöstlinger, Christine: Mein kleiner Bruder. Aus: Hans-Joachim Gelberg (Hrsg.): Wo kommen die Worte her? © 2011 Beltz & Gelberg in der Verlagsgruppe Beltz, Weinheim/Basel

S. 9
Nöstlinger, Christine: Uch bun dur Frunz (Titel hinzugefügt, gek.). Aus: Quatschgeschichten vom Franz. Hamburg: Verlag Friedrich Oetinger 2005

S. 28
Rathenow, Lutz: Ich freue mich. Aus: Der Himmel ist heut blau: lustig listige Gedichte und Geschichten. Berlin: Der Kinderbuch Verlag 2000

S. 24
Reinick, Robert: Der Schneemann auf der Straße. Aus: Reime-Gedichte-Geschichten für den Kindergarten. Berlin: Volk und Wissen Verlag 1974

S. 42
Rezepte aus aller Welt. Aus: http://www.schule-und-familie.de/rezepte/rezepte-aus-aller-welt.html

S. 13
Rodrian, Fred: Ach Storch – Kleines Frühherbstlied. Aus: Gerhard Holtz-Baumert (Hrsg.): Menschen, liebe Menschen, laßt die Erde stehn. Berlin: Der Kinderbuchverlag 1969

S. 48
Sklenitzka, Franz S.: Mein Freund Pepe Wasserschwein (Klappentext). Würzburg: Arena Verlag 2012

S. 49
Stanton, Andy: Sie sind ein schlechter Mensch, Mr Gum! (Klappentext). Aus dem Englischen von Harry Rowohlt. Mit Illustrationen von David Tazzyman. © für die deutschsprachige Ausgabe: 2013 S. Fischer Verlag GmbH, Frankfurt am Main

S. 53
Tollmien, Cordula: Wasserscheu (gek.). Schwimmunterricht (gek.). Aus: Jürgen Weidenbach (Hrsg.) Das große Leselöwen-Geschichtenbuch. Bindlach: Loewe Verlag 1988

Bildquellen

S. 16 Erwin Moser: Das große Fabulierbuch, Weinheim-Basel: Beltz Verlag 1995, Programm Beltz und Gelberg, © Erwin Moser; **S. 18** Astrid Lindgren/Ilon Wikland: Die Kinder aus der Krachmacherstraße, © Verlag Friedrich Oetinger, Hamburg 1992; **S. 27** Kees de Kort: Jesus ist geboren, Deutsche Bibelgesellschaft 1967, © Kees de Kort, Bergen, Niederlande; **S. 39** Clip Dealer/Carola Schubbel; **S. 40** Fotolia/Eric Isselée (Leopard), Fotolia/tiero (Nashorn), Fotolia/Patryk Kosmider (Elefant), Fotolia/Eric Isselée (Löwe), Karin Hofer/Baobab Books, Basel (John Kilaka); **S. 41** Fotolia/Eric Isselée; **S. 42** www.schule-und-familie.de/rezepte/rezepte-aus-aller-welt.html (Zugriff: 27.11.2014), © Johann Michael Sailer Verlag, Nürnberg; **S. 44** Lauren Child: Das ist aber total mein Buch, Deutsch von Karen Thilo und Martin Frei-Borchers. Frankfurt am Main: Fischer Taschenbuch Verlag 2007, S.3, © Charlie und Lola: But Excuse Me That is My Book. Lauren Child/Tiger Aspect, London, Großbritannien; **S. 48** Cover, U4 und Illustration Mitte unten: Franz S.Sklenitzka: Mein Freund Pepe Wasserschwein, Würzburg: Arena Verlag 2012; **S. 49/1** Cover: Jutta Nymphius/Anna Aengenheyster: Fritzi und die kleinste Tierretterbande der Welt, DIX Verlag & PR, Düren 2011; /2 Cover: Franz Fühmann/Jacky Gleich: Anna, genannt Humpelhexe, Rostock: Hinstorff Verlag 2002; /3 Cover: Andy Stanton: Sie sind ein schlechter Mensch, Mr Gum!: Umschlaggestaltung: Gesine Beran unter Verwendung einer Illustration von David Tazzyman, 2012 Deutscher Taschenbuch Verlag, München; **S. 50** U4: Cornelia Funke (Text/Illustrationen): Gespensterjäger auf eisiger Spur, © 1993 Loewe Verlag GmbH, Bindlach; **S. 52** Fotolia/ExQuisine; **S. 53** BFS Bundesverband zur Förderung der Schwimmausbildung (Seepferdchen, Zeugnis).

Selbstkontrolle: Alles richtig?

Seite 2
1 Bleistift, Schule, Füller, Schreibheft
2 Lineal, Lesebuch, Taschentuch, Anspitzer
3 Leh rer, Schü ler, Haus meis ter,
  Pau sen hof, Turn hal le, Schu le,
  Sport platz
4 Schule, Tasche

Seite 3
5 basteln, rechnen, schreiben, lesen,
  turnen, zeichnen
6 Lesebuch, Musikunterricht, Sporttasche,
  Zeichenblock, Klassenzimmer,
  Arbeitsheft

Seite 4
1 Matte, Ringe, Kasten, Bank
2 Federball, Tischtennisball, Handball,
  Tennisball, Basketball, Fußball
3 Partnerkind, Turnschuhe, Kopf, Bank,
  fallen

Seite 5
1 Alphabet – steht, Herz – Schmerz,
  Zorn – vorn, Zwiebelkuchen – suchen,
  entdeckt – versteckt, Katzen – Tatzen

Seite 6
1 der Kleber, das Buch, die Schere
3 schreibt/rechnet/liest/singt/lernt

Seite 7
1 Ben steht links.
2 Helle Kleidung sieht man im Verkehr
  am besten.
  Über die Ampelkreuzung geht man
  nur bei Grün.
  Fangen spielen ist viel zu gefährlich
  auf dem Schulweg.

Seite 8
2 Messerwerfen: Zeile 8, Zebra-Tanz:
  Zeile 18, Zirkus-Kinder: Zeile 4
3 stimmt nicht, Zeilen 1, 4, 5

Seite 9
1 4 Buchstaben
2 Zeile 6: Papa, Zeile 8: exakt, Zeile 12:
  Rechenheft, Zeile 14: Nacht
3 stimmt nicht, Zeile 11: Schokolade

Seite 10
1 Sport, Erzählkreis, Kunst, Hofpause,
  Musik, Deutsch
3 Seite, Nummer
4 Diese Aufgabe war toll.

Seite 11
1 Rat: Tipp, respektlos: frech,
  rupfen: die Federn herausziehen
2 Raben: schwarze Vögel, regelmäßig:
  immer wieder

Seite 13
1 Herbstanfang

Seite 14
1 am 11. November
2 vor der Grundschule
3 17 Uhr
4 Kinderpunsch, Früchtetee, Bratwürste,
  Brezeln

Seite 15
1 Hunde
2 zum Tierarzt gehen
3 Abschnitt 2. Der Hund hat keinen Appetit. Seine Nase läuft. Er ist müde und
  matt.

Seite 16
1 stimmt nicht/stimmt nicht/stimmt nicht/
  stimmt
2 auf Großvaters Schoß, gemütlich
3 Zeile 9, Zeile 1

Seite 17
1 stimmt/stimmt nicht
2 stimmt
3 Zeile 9, Zeile 14

Seite 22
1 Großvater, Großmutter, Enkelchen,
  Hündchen, Kätzchen, Mäuschen

Seite 23
1 1 Rumpelstilzchen, 2 Dornröschen, 3 Frau Holle, 4 Tapferes Schneiderlein

Seite 24
1 Der Text hat drei Strophen. Einige Verse reimen sich. Der Text ist ein Gedicht.
2 (Straße/Nase), Rock/Stock, Flecke/Ecke, schneit/Winterszeit, Sonnenschein/ein

Seite 25
1 Er war da: von Autorin geschrieben, zwei Strophen, reimt sich, Nikolaus kommt leise.
Sankt Niklas: reimt sich, Nikolaus hat einen Esel
2 Er war da: weiß/leis, (Wispern/Knistern), Nacht/gedacht
Sankt Niklas: Haus/aus, Mist/frisst, (nicht/nicht)

Seite 26
1 Kapitel 3, Kapitel 1
2 Nikolausgedichte
3 Kapitel 3

Seite 27
2 3-mal

Seite 30
1 Baby-Freundschaft, Ein gutes Team, Noch immer Freunde
2 Immer Streit

Seite 38
1 2 Bastelanleitung, 4 Eintrittskarte, 5 Inhaltsverzeichnis, 3 Fernsehprogramm, 1 Plan

Seite 39
1 Visitenkarte: Adresse, Öffnungszeiten, Telefonnummer; Kassenzettel: Datum, Name des Geschäfts, Preis

Seite 40
1 Seite 137
2 Seite 148
3 John Kilaka
4 wohnen

Seite 41
1 Gewicht: ungefähr 50 kg
Lebensraum: Wald, trockenes Buschland
Alter: etwa 15 Jahre
Besonderheiten: jagt nachts, ist sehr schnell, klettert besser als alle anderen Katzen, ist die kleinste Raubkatze

Seite 42
1 3 Tom, 2 Maria, 1 Simon, 4 Induja

Seite 43
1 www.unicef.de

Seite 44
1 Tiere

Seite 46
1 Technik – Malte, Tiere – Leni, Krimis – Rico, Märchen – Irina, Witze – Maja, Bilderbücher – Tim

Seite 47
1 Lösungswort: EXPERTE

Seite 48
2 Tiergeschichte
3 Elefanten, Spatzen

Seite 49
1 1. Jonathan ist …
2. Die Geschichte von Anna …
3. GUTEN ABEND miteinander.

Seite 52
1 „Beerenzählen" ist ein Gedicht.
„Sommerfrüchte" ist ein Sachtext.
2 Es geht um die Beeren.
Es geht um das Zählen.

Seite 53
1 blau: 1, 3
grün: 1, 2, 4

Lernstandserhebungen

Lesen, Klasse 2

Liebe Lehrerinnen und Lehrer,

die bundesweiten Vergleichsarbeiten (VERA) zur Lernstandserhebung sind in der Grundschule mittlerweile zu einem festen Bestandteil geworden. Sie werden jährlich gegen Ende der dritten Klasse durchgeführt und sollen das Erreichen der Bildungsstandards überprüfen sowie Hinweise zur Verbesserung der Lernleistungen und für die Weiterentwicklung des Unterrichts geben. Dazu gehört auch die Verbesserung der Diagnosegenauigkeit.

Sich über einen längeren Zeitraum auf Aufgaben zu konzentrieren, ist für viele Schülerinnen und Schüler ungewohnt und anstrengend. Das gilt auch für die Erfahrung, unter Zeitdruck zahlreiche, zum Teil noch unbekannte Aufgabenformate ohne Hilfsmittel bearbeiten zu müssen.

Mit den vorliegenden Lernstandserhebungen möchten wir Ihre Schülerinnen und Schüler und Sie selbst unterstützen:

- Den Schülerinnen und Schülern sollen die Lernstandserhebungen helfen, sich mit sorgfältig ausgewählten Aufgaben, wie sie auch in den Vergleichsarbeiten verwendet werden, **auf die ungewohnte Testsituation vorzubereiten**. Möglicherweise vorhandene Ängste können so abgebaut und es kann Sicherheit gegenüber der zukünftigen Testsituation gewonnen werden.
- Bei Ihrer **täglichen förderdiagnostischen Arbeit** sollen die Lernstandserhebungen Sie unterstützen und dabei helfen, aktuelle Lernstände und vorhandene Kompetenzen Ihrer Schülerinnen und Schüler in den verschiedenen inhaltlichen Bereichen einzuschätzen und den individuellen förderdiagnostischen Bedarf zu ermitteln.

Die Aufgaben sind an den KMK Bildungsstandards sowie den Lehr- und Bildungsplänen der Bundesländer orientiert und fokussieren die dort beschriebenen Lernziele und zu erreichenden Kompetenzen.

Im **Auswertungsbogen** werden neben den **Aufgabenlösungen** das jeweilige **Niveau** der Aufgabe sowie die jeweils fokussierten **Fähigkeiten, Fertigkeiten und Kenntnisse** beschrieben, die zur Aufgabenbewältigung im Wesentlichen benötigt werden.

In Anlehnung an die drei in den KMK Bildungsstandards angeführten Anforderungsbereiche „Wiedergeben", „Zusammenhänge herstellen" sowie „Reflektieren und beurteilen" (vgl. Bildungsstandards im Fach Deutsch für den Primarbereich, Beschluss vom 15. 10. 2004, S. 17) und die VERA-Fähigkeitsniveaus 1–3 (vgl. VERA, Hinweise zur Weiterarbeit, Erläuterungen zu den Deutschaufgaben 2009, S. 2) sind den Aufgaben der vorliegenden Lernstandserhebungen drei Niveaustufen zugeordnet, die entsprechend *grundlegende*, *erweiterte* und *fortgeschrittene* Fähigkeiten erfordern.

Lernstandserhebungen

Lesen, Klasse 2

Niveau 1: „Wiedergeben" → erfordert grundlegende Fähigkeiten

Das Lösen der Aufgabe erfordert die Wiedergabe bekannter Informationen und die Anwendung grundlegender Verfahren und Routinen.

Niveau 2: „Zusammenhänge herstellen" → erfordert erweiterte Fähigkeiten

Das Lösen der Aufgabe erfordert das Erkennen von Zusammenhängen, das Verknüpfen von Informationen sowie das Anwenden erworbenen Wissens und bekannter Methoden.

Niveau 3: „Verallgemeinern, reflektieren und beurteilen" → erfordert fortgeschrittene Fähigkeiten

Das Lösen der Aufgabe erfordert den Umgang auch mit neuen Sachverhalten und das Entwickeln eigenständiger Beurteilungs- und Lösungsansätze.

Der Auswertungsbogen der Lernstandserhebungen bietet darüber hinaus Platz für Ihre **Beobachtungen und Notizen** zur Einschätzung des jeweiligen Lernstandes des Kindes im Rahmen Ihrer förderdiagnostischen Arbeit.

Den Schülerinnen und Schülern ermöglicht ein einfaches Smiley-System auf den Testseiten die **Selbsteinschätzung** und schafft so eine Basis zur Reflexion des eigenen Lernstandes. Gemeinsam mit dem Kind können anschließend die Ergebnisse aus der Selbsteinschätzung und Ihre Einschätzungen aus dem Auswertungsbogen in einem förderdiagnostischen Gespräch zu einem Gesamtbild zusammengefügt und Lernziele sowie nächste Lernschritte vereinbart werden. Dabei kann es im Sinne einer dialogisch orientierten Förderdiagnostik sehr aufschlussreich sein, nach Lösungswegen und Erklärungen bei falsch gelösten Aufgaben zu fragen, um Einblicke in die Denkwege Ihrer Schülerinnen und Schüler bei der Lösung einer Aufgabe zu bekommen.

Die Lernstandsseiten erheben nicht den Anspruch, eine kontinuierliche Beobachtung und Dokumentation des Lernverlaufs sowie förderdiagnostische Maßnahmen zu ersetzen. Sie können aber einen wichtigen Beitrag zu Ihrer alltäglichen förderdiagnostischen Arbeit leisten.

Ihr Cornelsen Verlag

Erarbeitet von:	Rüdiger-Philipp Rackwitz
Redaktion:	Birgit Waberski
Illustrationen:	Gabriele Heinisch
Layout und technische Umsetzung:	Birgit Riemelt, Panketal

Lernstandserhebungen

Lesen, Klasse 2

Liebe Schülerin, lieber Schüler,

mit diesen Aufgaben kannst du herausfinden, was du schon gut kannst und was du noch üben solltest.

Bearbeite die Aufgabenblätter so:

1. Schreibe deinen Namen und das Datum oben auf jedes Blatt.
2. Lies dir die Aufgabe in Ruhe durch.
3. Bearbeite die Aufgabe.
4. Wenn du bei einer Aufgabe nicht weiterkommst,
   mache bei der nächsten weiter und versuche es später noch einmal.
   Du kannst auch jemanden um Hilfe fragen.
5. Wenn du eine Aufgabe bearbeitet hast, kreuze an,
   wie leicht oder wie schwierig du sie findest:

Diese Aufgabe
☺ kann ich gut lösen
😐 kann ich nur zum Teil lösen
☹ kann ich gar nicht lösen

Es gibt verschiedene Aufgabenarten:
Bei manchen Aufgaben sollst du die richtige Antwort ankreuzen.
Beispiel: Was hängt in der Schule? Kreuze an.

☐ Waffel   ☒ Tafel   ☐ Tante

Meistens ist nur eine Antwort richtig. Wenn mehrere Antworten richtig sind, steht in der Aufgabe „Kreuze **alle** richtigen Antworten an."

Bei manchen Aufgaben sollst du etwas in einem Text **unterstreichen** oder ein falsches Wort **durchstreichen**.

Beispiele: Wort   ~~Wort~~

Bei manchen Aufgaben sollst du die Antwort **aufschreiben**.
Bei Aufgaben mit einer kurzen Schreiblinie reicht es, ein oder zwei Wörter aufzuschreiben. Bei längeren Linien solltest du einen oder mehrere Sätze schreiben.

Viel Spaß und viel Erfolg!

Der Elefant

Der Elefant ist das größte lebende Tier auf dem Land.
Die meisten Elefanten leben im Süden von Afrika.
Außerdem gibt es noch Elefanten in Asien.

Elefanten werden bis zu 3 Meter hoch
5 und zwischen 5 und 7 Meter lang.
Der größte bekannte Elefant war 4,21 Meter hoch
und 10,39 Meter lang!

Elefanten fressen Blätter und Gras,
die sie mit ihrem Rüssel abreißen.
10 Der Rüssel ist die Nase des Elefanten.
Damit kann ein Elefant aber auch Wasser aufsaugen
und es sich in sein Maul spritzen.

Elefanten können bis zu 70 Jahre alt werden.
Der älteste bekannte Elefant
15 lebte in einem Zoo in Taiwan
und wurde 86 Jahre alt.

Lernstandserhebung 1 Seite 2

Lesen, Klasse 2

Name: Datum:

Wie ist mein Ergebnis?

1 Wie nennt man die Nase von Elefanten? Kreuze an.

☐ Rüsche ☐ Schüssel ☐ Rüssel

2 Wo leben Elefanten? Kreuze an.
Lies im Text oder schau auf die Karte.

☐ Elefanten leben in Asien und Europa.

☐ Elefanten leben in Afrika und Asien.

☐ Elefanten leben in Afrika und Europa.

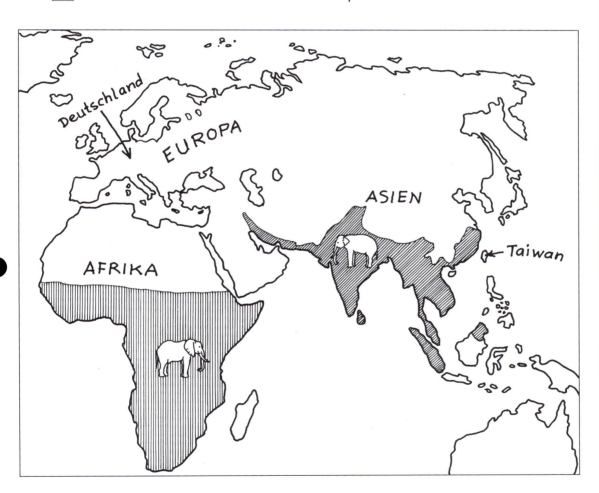

3 Was fressen Elefanten? Unterstreiche im Text.

☺ kann ich gut lösen 😐 kann ich nur zum Teil lösen ☹ kann ich gar nicht lösen

Lernstandserhebung 1 Seite 3   Lesen, Klasse 2

Name: Datum:

Wie ist mein Ergebnis?

4 Lies genau und kreuze an.

Der Elefant ist das kleinste lebende Tier auf dem Land.

☐ stimmt   ☐ stimmt nicht

Elefanten werden bis zu 7 Meter hoch.

☐ stimmt   ☐ stimmt nicht

Der älteste bekannte Elefant wurde 86 Jahre alt.

☐ stimmt   ☐ stimmt nicht

5 Was kann ein Elefant alles mit seinem Rüssel machen?
Lies im Text nach und schreibe es auf.

▶ _____

▶ _____

▶ _____

▶ _____

6 Wie groß war der größte bekannte Elefant?
Lies im Text nach und trage die Zahlen ein.

Höhe _____ m

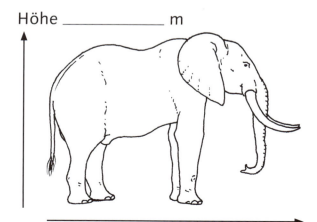

Länge _____ m

 kann ich gut lösen    kann ich nur zum Teil lösen   ☹ kann ich gar nicht lösen

Lernstandserhebung 1 Seite 4

Lesen, Klasse 2

Name: Datum:

Wie ist mein Ergebnis?

7 Was ist richtig? Lies genau und kreuze an. ☺ 😐 ☹

☐ Elefanten werden 60 Jahre alt.

☐ Elefanten können bis zu 70 Jahre alt werden.

☐ Elefanten werden 70 Jahre alt.

8 Wo lebte der älteste bekannte Elefant? ☺ 😐 ☹
Lies im Text nach und schreibe einen ganzen Satz auf.

_____

_____

_____

9 Sollten Tiere im Zoo leben oder in der Wildnis? ☺ 😐 ☹
Begründe deine Meinung.

_____

_____

_____

_____

_____

_____

Gut gemacht! Jetzt hast du alles geschafft!

☺ kann ich gut lösen   😐 kann ich nur zum Teil lösen   ☹ kann ich gar nicht lösen

Lernstandserhebung 2 Seite 1 — Lesen, Klasse 2

Name: Datum:

Annas Geburtstag

Anna wohnt im Zirkus und hat Geburtstag. Sie wird 7 Jahre alt.
Ihr größter Wunsch ist es, einen richtigen Kindergeburtstag
mit anderen Kindern zu feiern! Aber sie ist traurig, denn sie ist
das einzige Kind im Zirkus. Und weil der Zirkus jede Woche
5 in einer anderen Stadt steht, kennt Anna auch keine Kinder,
die sie einladen könnte.

Am Nachmittag findet eine Vorstellung statt. Gleich zu Anfang
tritt Annas Mutter mit den Pferden auf. Sie gibt Kommandos,
und die Pferde führen Kunststücke vor.
10 Dann kommen die Clowns und machen lauter lustige Sachen,
doch Anna ist heute nicht zum Lachen.
Am Ende der Vorstellung zeigt Annas Vater
verschiedene Zaubertricks. Plötzlich hat er
eine große Geburtstagstorte hervorgezaubert und ruft:
15 „Für Anna, die heute Geburtstag hat!"
Die Zuschauer klatschen und rufen:
„Alles Gute zum Geburtstag, Anna!"

Als die Vorstellung zu Ende ist, laufen ein paar Kinder zu Anna
und überreichen ihr Geschenke. Anna ist ganz überrascht
20 und weiß gar nicht, was sie sagen soll.
Die Clowns tragen einen großen Tisch und Stühle in das Zirkuszelt
und bringen Teller, Tassen, Gabeln und Getränke.
Alle Kinder setzen sich an den Tisch, essen gemeinsam die Torte
und feiern mit Anna Geburtstag, einen richtigen Kindergeburtstag!

Lernstandserhebung 2 Seite 2 Lesen, Klasse 2

Name: Datum:

Wie ist mein Ergebnis?

1 Wie alt wird Anna? Kreuze an.

☐ 4 Jahre ☐ 7 Jahre ☐ 9 Jahre

2 Was ist Annas größter Wunsch? Kreuze an.

☐ Anna möchte eine große Geburtstagstorte bekommen.

☐ Anna möchte in der ersten Reihe sitzen.

☐ Anna möchte einen richtigen Kindergeburtstag feiern.

3 Was ist richtig? Kreuze **alle** richtigen Antworten an.

Anna ist traurig,

☐ weil es an ihrem Geburtstag regnet.

☐ weil sie das einzige Kind im Zirkus ist.

☐ weil sie keine anderen Kinder kennt.

☐ weil heute die Zirkusvorstellung ausfällt.

☐ weil sie keinen Kindergeburtstag feiern kann.

☐ weil die Zirkusvorstellung langweilig ist.

☺ kann ich gut lösen 😐 kann ich nur zum Teil lösen ☹ kann ich gar nicht lösen

Lernstandserhebung 2 Seite 3

Lesen, Klasse 2

Name: Datum:

Wie ist mein Ergebnis?

☺ 😐 ☹

4 Wer tritt alles in der Zirkusvorstellung auf?
Lies im Text nach und schreibe es auf.

☺ 😐 ☹

5 Welche Überschrift passt noch zu der Geschichte?
Kreuze an.

☐ Anna wohnt im Zirkus

☐ Überraschung zum Geburtstag

☐ Kindernachmittag im Zirkus

☐ Pferde, Clowns und Zauberer

☺ 😐 ☹

6 Als die Clowns auftreten, ist Anna nicht zum Lachen.
Was ist damit gemeint? Schreibe es auf.

☺ kann ich gut lösen   😐 kann ich nur zum Teil lösen   ☹ kann ich gar nicht lösen

© 2010 Cornelsen Schulverlage GmbH, Berlin. Alle Rechte vorbehalten.

Lernstandserhebung 2 Seite 4

Lesen, Klasse 2

Name:

Datum:

Wie ist mein Ergebnis?

7 Suche die Antworten im Text und trage sie in das Kreuzworträtsel ein.

1. Was führen die Pferde vor?
2. Wer klatscht?
3. Was findet am Nachmittag statt?
4. Was bringen die Clowns?
5. Was bekommt Anna von den Kindern?

☺ kann ich gut lösen 😐 kann ich nur zum Teil lösen ☹ kann ich gar nicht lösen

Lernstandserhebung 2 Seite 5　　Lesen, Klasse 2

Name:　　　　　　　　　　　　　　　Datum:

Wie ist mein Ergebnis?

8 Was könnten Anna und die Kinder an dem Kindergeburtstag noch gemacht haben? Schreibe es auf.

9 Was denkst du:
Woher wussten die Kinder, dass Anna Geburtstag hat?
Woher hatten sie die Geschenke? Schreibe es auf.

Gut gemacht! Jetzt hast du alles geschafft!

☺ kann ich gut lösen　　😐 kann ich nur zum Teil lösen　　☹ kann ich gar nicht lösen

© 2010 Cornelsen Schulverlage GmbH, Berlin. Alle Rechte vorbehalten.

Auswertungsbogen Lernstandserhebungen Deutsch Lesen, Klasse 2

Name: _____ Klasse: _____

durchgeführt am _____

Lernstandserhebung 1: *Sachtext verstehen*

Aufgabe	Niveau	Fähigkeiten, Fertigkeiten und Kenntnisse	Lösungen	Beobachtungen und Notizen
1	1	• gezielt Informationen suchen und entnehmen	Rüssel	
2	2, 3	• gezielt Informationen suchen und entnehmen • Verstehenshilfe anwenden (Karte) • Informationen miteinander verknüpfen	Elefanten leben in Afrika und Asien.	
3	1	• gezielt Informationen suchen • zentrale Aussage eines Textes erfassen • Aussagen mit Textstellen belegen	Blätter und Gras	
4	2	• gezielt Informationen suchen und entnehmen • Zusammenhänge erfassen	stimmt nicht stimmt nicht stimmt	
5	2	• gezielt Informationen suchen, entnehmen, verknüpfen und wieder-geben	*(als Stichwörter oder in ganzen Sätzen)* Blätter und Gras abreißen, Wasser aufsaugen, Wasser spritzen	

Niveaustufen: **1** = „Wiedergeben" → erfordert grundlegende Fähigkeiten   **2** = „Zusammenhänge herstellen" → erfordert erweiterte Fähigkeiten   **3** = „Verallgemeinern, reflektieren und beurteilen" → erfordert fortgeschrittene Fähigkeiten

Auswertungsbogen Lernstandserhebungen Deutsch · Lesen, Klasse 2

Name: _____ Klasse: _____

Lernstandserhebung 1: *Sachtext verstehen*

durchgeführt am _____

Aufgabe	Niveau	Fähigkeiten, Fertigkeiten und Kenntnisse	Lösungen	Beobachtungen und Notizen
6	1, 2	• gezielt Informationen suchen, entnehmen, verknüpfen und wiedergeben	Höhe 4,21 m Länge 10,39 m	
7	1	• gezielt Informationen suchen und entnehmen	Elefanten können bis zu 70 Jahre alt werden.	
8	1, 2	• gezielt Informationen suchen, entnehmen und wiedergeben • sinnvollen Satz bilden • Großschreibung am Satzanfang • Punkt am Satzende	Der älteste bekannte Elefant lebte in einem Zoo in Taiwan.	
9	3	• eigene Meinung formulieren und begründen • zu einem Schreibanlass Sätze oder einen kurzen Text schreiben • verständlich, strukturiert, adressaten- und funktionsgerecht schreiben		

Niveaustufen: 1 = „Wiedergeben" → erfordert grundlegende Fähigkeiten   2 = „Zusammenhänge herstellen" → erfordert erweiterte Fähigkeiten   3 = „Verallgemeinern, reflektieren und beurteilen" → erfordert fortgeschrittene Fähigkeiten

© 2010 Cornelsen Schulverlage GmbH, Berlin. Alle Rechte vorbehalten.

Auswertungsbogen Lernstandserhebungen Deutsch — Lesen, Klasse 2

© 2010 Cornelsen Schulverlage GmbH, Berlin. Alle Rechte vorbehalten.

Name: _____ Klasse: _____

Lernstandserhebung 2: *Erzähltext verstehen*

durchgeführt am _____

Aufgabe	Niveau	Fähigkeiten, Fertigkeiten und Kenntnisse	Lösungen	Beobachtungen und Notizen
1	1	• gezielt Informationen suchen und entnehmen	7 Jahre	
2	1	• gezielt Informationen suchen und entnehmen	Anna möchte einen richtigen Kindergeburtstag feiern.	
3	2, 3	• gezielt Informationen suchen, entnehmen, verknüpfen, reflektieren, bewerten	… weil sie das einzige Kind im Zirkus ist. … weil sie keine anderen Kinder kennt. … weil sie keinen Kindergeburtstag feiern kann.	
4	2	• gezielt Informationen suchen, entnehmen und wiedergeben	*(als Stichwörter oder in ganzen Sätzen)* Annas Mutter, (Pferde), Clowns, Annas Vater	
5	2, 3	• Zusammenhänge herstellen, Texte reflektieren und verallgemeinern	Überraschung zum Geburtstag	

Niveaustufen: **1** = „Wiedergeben" → erfordert grundlegende Fähigkeiten **2** = „Zusammenhänge herstellen" → erfordert erweiterte Fähigkeiten **3** = „Verallgemeinern, reflektieren und beurteilen" → erfordert fortgeschrittene Fähigkeiten

Auswertungsbogen Lernstandserhebungen Deutsch   Lesen, Klasse 2

Name: _____   Klasse: _____

durchgeführt am _____

Lernstandserhebung 2: *Erzähltext verstehen*

Aufgabe	Niveau	Fähigkeiten, Fertigkeiten und Kenntnisse	Lösungen	Beobachtungen und Notizen
6	3	• Zusammenhänge aus Text erschließen, reflektieren und verallgemeinern • Begriffe klären	*Anna ist so traurig, dass sie nichts zum Lachen bringen kann.*	
7	1, 2	• gezielt Informationen suchen und entnehmen • normgerecht (ab-)schreiben	1. Kunststücke 2. Zuschauer 3. Vorstellung 4. Teller *oder* Tassen 5. Geschenke	
8	3	• eigene Gedanken zu Texten entwickeln • zu Texten Stellung beziehen • einen Text fortspinnen • zu einem Schreibanlass schreiben • verständlich, strukturiert, adressaten- und funktionsgerecht schreiben		
9	3	• Text reflektieren • Zusammenhänge erschließen • eigene Meinung formulieren und begründen • zu einem Schreibanlass schreiben • verständlich, strukturiert, adressaten- und funktionsgerecht schreiben		

Niveaustufen: 1 = „Wiedergeben" → erfordert grundlegende Fähigkeiten   2 = „Zusammenhänge herstellen" → erfordert erweiterte Fähigkeiten   3 = „Verallgemeinern, reflektieren und beurteilen" → erfordert fortgeschrittene Fähigkeiten

4 Ordne nach Wortfamilien!

du spielst • gewünscht • spielerisch • er wünscht • der Spieler • wunschlos

spielen   **wünschen**

5 Anna schreibt ihrer Freundin Julia einen Brief aus dem Winterurlaub. Schreibe den Brief!

Liebe Julia,   *Oberhof, 17. Februar 20*

aus dem Wintersport.   *Liebe Julia*

ich schreibe dir

Anna

Es grüßt dich

Hier ist es schön.

Im Frühling

Den Frühling entdecken

1 Verbinde!

Die Tulpen blühen in vielen Gärten.

Alle Kinder freuen sich auf Ostern.

Die Amsel baut ein Nest für ihre Jungen.

2 Schreibe den Satz richtig auf!

Die Bienen • herum. • summen • um die Blüten

▸ _Die_

▸

3 Kreuze die richtigen Aussagen an!

	richtig	falsch
Die Amseln bauen ihre Nester.	X	
Frühblüher sind Blumen.		
Es gibt nur gelbe Tulpen.		
Der Frühling beginnt im Mai.		

 Wie heißen die Frühblüher? Schreibe sie auf!